LES ONZE
MAITRESSES
DÉLAISSÉES.

PAR

ARSÈNE HOUSSAYE.

I

PARIS
L. DESESSART, ÉDITEUR,
RUE DES GRANDS-AUGUSTINS, 22.

1841

LES

ONZE MAITRESSES

DÉLAISSÉES.

ROMANS

DE M. ARSÈNE HOUSSAYE.

Nouvelle édition en cinq volumes in-8°.

Fanny . . . . un vol. in-8.
Les Aventures galantes de Margot. un vol. in-8.
La Belle au bois dormant. . ? un vol. in-8.
Les Petits romans. . . . deux vol. in-18.
SOUS PRESSE,
Les Sentiers perdus, *poésies* un vol. gr. in-8.

LES ONZE

MAITRESSES

DÉLAISSÉES

PAR

ARSÈNE HOUSSAYE.

I.

PARIS,

L. DÉSESSART, ÉDITEUR,

22, RUE DES GRANDS-AUGUSTINS.

—

1841.

Imprimerie de WORMS, boulevart Pigale, 20 *(extra muros)*.

I

MADAME DE FONTENAY.

Dans la rue de Vaugirard, bien au-dessus du jardin du Luxembourg, tout en face de l'Observatoire, il y a un autre observatoire aux fenêtres fleuries, plus aimable et plus gai, d'où on assiste, non pas comme Arago, au spectacle du monde céleste, mais à plus d'une comédie humaine. De là, tout en respirant les capucines ou les jacinthes, j'ai découvert une des tristes scènes de cette histoire ; et je dédie cette histoire au Copernic du lieu, à Jules Janin.

Ar-H——ye.

MADAME DE FONTENAY.

Sous les plus vertes et les plus sombres arcades des tilleuls du Luxembourg, j'ai vu, en 1837, pendant toute la belle saison, errer une belle femme attristée, dont les regards, souvent mouillés, semblaient chercher autour d'elle dans les ombres lointaines, parmi les promeneurs, à travers les feuilles jaunissantes, le fantôme d'un de ces rêves enchanteurs que le temps emporte trop vite sur ses ailes de flamme. Cette femme était d'une beauté presque sévère : un front légèrement découvert, des yeux noirs vraiment ombragés, une douce pâleur qui révélait encore plus d'amour que de souffrance, un sourire plus amèrement désenchanté que le sourire de Desdemona, des cheveux bruns qui retombaient en boucles sur ses joues — si j'osais le dire — qui semblaient pleurer autour d'elle comme les branches plaintives autour de la tige penchée du saule. A coup sûr, cette femme renfermait une douleur profonde, une douleur qui demandait à grands cris la solitude, la Thébaïde de sainte Thérèse.

Un jour, je l'ai vue s'appuyer contre le piédestal d'une de ces mauvaises statues qui

désornent le jardin. Il pleuvait un peu —
que lui importait la pluie ou le soleil? —
elle n'avait ni parapluie ni parasol. Son
triste regard errait dans l'allée des Chartreux ; mais les tristes souvenirs de l'âme
lui cachaient les tableaux présens ; cependant peu à peu le spectacle confus des promeneurs, les jeunes enfans aux petits cris
joyeux qui jouaient à ses pieds, les grisettes pimpantes, l'amour flottant et bon
garçon de l'étudiant de deuxième année,
chassa au loin les souvenirs ; le sourire de
cette femme fut moins amer, ses yeux furent
moins tristes, l'oubli des peines allait reposer un peu son pauvre cœur battu par la
tempête. Mais tout à coup une plainte déchirante s'est mêlée aux gémissemens du
vent ; son regard a brillé d'une ardeur sans
pareille ; elle a déchiré son mantelet pour
ne pas tendre les bras. — Vers qui ses bras ?

je ne savais trop vraiment. En face d'elle, sous les arbres, il y avait un grand jeune homme qui s'avançait avec indolence, tout en jetant un œil distrait sur un journal de grand format et sur un bel épagneul qu'il menait en laisse. Ce jeune homme avait assez la mine d'un séducteur, sans parler de ses habits merveilleusement simples et élégans; il était brun et pâle, il avait la figure mollement dessinée, l'œil doux plutôt que tendre, et, par-dessus le marché, la lèvre efféminée. Il n'est pas une femme de trente ans qui ne l'eût trouvé à son gré, et qui ne lui eût ouvert un petit coin dans son cœur à moitié adultère. Le beau chien suppliait son beau maître de lui accorder un peu de liberté, mais la pauvre bête perdait son temps. Il ralentit sa marche sous un tilleul pour achever la lecture du journal. Il était à peine à vingt pas de la pauvre affligée. Elle cependant, elle le suivait d'un œil inquiet, elle regardait le chien d'un air de reproche, et lui semblait dire : — Hélas! toi-même, toi aussi tu m'oublies! Cependant l'épagneul paraissait agité, il rêvait, le nez en l'air, la patte levée, — un souvenir, un tendre pressentiment, pressentiment de chien, que sais-je? — Tout à coup il crut l'apercevoir, il tendit le cou, il poussa un cri, puis, devenu fort comme un lion qui se déchaîne, il arrache la corde de la main de son maître, et d'un bond le voilà dans les bras de la pauvre femme qui l'accueille par des sanglots; il pleure comme elle, il la caresse, et, dans le même instant, il retourne à son maître et lui dit avec ses grands yeux si tendres : C'est elle, la voilà notre maîtresse! mais accours donc! Le jeune homme avait pâli, son cœur s'élançait déjà vers l'infortunée, mais il retint son cœur à deux mains, il repoussa son chien du pied, et s'éloigna comme un lâche qui craint de succomber dans le combat. Le pauvre chien eut l'air de ne pas comprendre, il retourna à son ancienne maîtresse — que dis-je? son ancienne — il lui lécha la main et lui dit dans son regard : — Puisqu'il ne vient pas à toi, viens donc à lui! Et la pauvre bête, si joyeuse tout à l'heure, si désolée déjà, s'élance vers le cruel qui s'en va; il l'arrête, il essaie de le ramener ; l'amant irrité le repousse toujours du pied et poursuit son chemin. L'épagneul retourne encore vers la délaissée, mais cette fois il penche la tête, il arrive tristement, il veut la caresser, mais il chancelle. La malheureuse femme s'accroupit et cache sa douleur sur la tête de son confident. Le chien ne songe pas à la quitter, mais bientôt — quel cœur le croira? — un coup de sifflet le rappelle,

il faut partir; il tressaille, il regarde sa maîtresse comme pour l'avertir, il lui lèche les larmes, il le faut! et il tourne avec abattement la tête vers le cruel amoureux. — Va-t-en, ma pauvre bête, va-t-en, dit-elle en l'embrassant, tu seras battu si tu restes. Elle voulait parler encore, mais un sanglot brisa sa voix. Le chien partit lentement, à regret; si elle lui eut dit de rester, il fût resté. Elle le perdit bientôt de vue sous les platanes, où déjà son maître avait disparu.
— Pauvre chien! pauvre, pauvre femme!

LES AMOURS
DE
MADAME DE FONTENAY.

I

J'ai su depuis toute cette histoire; elle est triste, triste comme toutes les histoires d'amour qui ont fini sur la terre. Dieu vous préserve des dénouemens, monsieur, et des commencemens, vous, madame!

En 1835, à Paris, dans une des petites

rues qui avoisinent le jardin du Luxembourg, M. et Mme de Fontenay habitaient le rez-de-chaussée d'un vieil hôtel à peu près délaissé. Cet hôtel était d'un aspect plus que sérieux. Rien qu'à voir la façade noircie, les fenêtres voilées, l'herbe encadrant les pavés de la cour, on pressentait que l'ennui logeait là. Et, en effet, M. et Mme de Fontenay, dans le monotone tête à tête d'un mariage de raison, s'ennuyaient à merveille malgré leurs chats, leurs chiens et leurs amis. Un procès quasi scandaleux les avait surpris en province ; ils s'étaient réfugiés depuis peu dans la solitude parisienne, la plus sombre de toutes. M. de Fontenay était un ancien garde-du-corps qui, depuis le 7 août, vivait en mécontent, qui n'espérait plus grand'chose du monde politique et qui passait son temps à peindre, à fumer, à jouer avec ses chiens, et surtout à s'ennuyer avec sa femme. Il la négligeait un peu, mais elle ne s'en plaignait pas du tout. Il lui venait de temps en temps la visite de quelques fâcheux, de ces amis importuns qui n'ont point d'amitié, qui se viennent chauffer les pieds à votre feu et qui vous apprennent qu'il fait froid. Tantôt c'était un héros de la guerre d'Espagne, tantôt un auteur inédit de mélodrames qui ne désirait pas garder l'anonyme; ou bien un substitut de procureur du roi, ou encore un de ces vingt mille avocats parisiens, Cicérons de pacotille que l'on rencontre partout, mais qui ne plaident nulle part. Ces gens-là n'étaient pas dangereux pour un mari. Aussi M. de Fontenay, malgré le vent qui, en ce temps-là, poussait à l'adultère, se reposait le plus nonchalamment du monde sur la vertu de sa femme. Mme de Fontenay avait trente ans à peine; déjà l'éclat de la jeunesse et de la beauté pâlissait un peu sur ses joues ; mais, en s'effaçant, cet éclat laissait des teintes plus douces, plus tendres, plus adorables ; la verdure était passée, la fleur n'était pas morte. Mme de Fontenay avait, suivant le langage des poètes, une chevelure d'ébène qu'elle peignait vingt fois par jour, pour se distraire et pour s'admirer. Elle avait en outre de beaux yeux, tantôt bleus, tantôt bruns, selon les caprices du cœur ; une bouche charmante, un peu trop coupée, mais qui savait admirablement les plus doux sourires ; des mains venues en droite ligne de Diane de Poitiers ; enfin un cou superbe, mollement incliné comme la mélancolie. Tout cela appelait un autre culte que celui de M. de Fontenay ; il fallait brûler un pur encens à cet autel abandonné de l'amour et de la beauté. Comme je l'ai dit, M. de Fontenay négligeait un peu sa femme. De son côté, celle-ci n'allait guère au devant de son mari. Dès les premières pages écrites sur papier brouillard, elle avait su *par cœur* tout M. de Fontenay, elle ne voulait pas relire une seconde fois un livre ennuyeux. Elle caressait en silence quelque rêve caché : un souvenir d'adolescence, une espérance lointaine ; que sais-je ? Peut-être ne caressait-elle que sa beauté. Cependant elle lisait des romans, elle relisait *Indiana*, et souvent la nuit, près de son mari qui dormait, elle tendait les bras avec égarement, sans savoir vers qui, et vers rien ? Le jour venait apaiser ces ardeurs insensées ; le sommeil du matin calmait un peu ce pauvre cœur qui demandait la vie. Quelquefois même elle s'avouait coupable ; elle tombait agenouillée, toute repentante ; elle rappelait avec amour l'image de son mari, elle pleurait et se croyait sauvée. Mais le serpent avait soufflé sur elle; elle respirait partout le parfum de la pomme amère; elle avait beau se détourner, le péché venait par tous les chemins.

Un jour, un des premiers du printemps de l'année 1835, le doux soleil était revenu à Paris ; on commençait à mettre la tête aux fenêtres. Sur les boulevarts, aux Tuileries, au Luxembourg, les femmes annonçaient la belle saison par leurs robes et leurs chiffons plus bariolés par leur fraîcheur et leur gaieté. Tous les regards étaient en campagne, plus ardens que de coutume; le doux soleil versait l'amour par ses rayons. On était tout étonné de sentir battre son cœur comme au jour des plus jeunes et des plus chastes tendresses ; les oisifs cherchaient parmi les belles promeneuses quelque femme adorable, ou plutôt ils semblaient attendre avec une douce inquiétude que leur amante vînt à passer. A Paris, à l'aurore du printemps, il y a certain jour plus fatal aux maris que tous les romans du monde.

M. et Mme de Fontenay se promenaient ce jour-là dans le jardin du Luxembourg. Pourquoi? En vérité, je pense que Mme de Fontenay avait une belle robe et un joli chapeau. On se promène à moins. Ils s'étaient arrêtés devant le bassin pour admirer la grâce nonchalante des cygnes. Tout à coup Mme de Fontenay pâlit : dans le miroir de l'eau, à côté des cygnes, elle avait vu l'image d'un élégant oisif de quelque vingt-trois ans qui la regardait avec ardeur. Elle ne put s'empêcher de lever les yeux sur lui, malgré ce pressentiment étrange qui vient aux femmes à l'approche du danger. Sans se l'avouer, elle trouva le jeune homme au gré de son cœur et de ses yeux. Elle entraîna son mari vers les arbres dans le vague espoir de cacher son rayonnement à l'ombre, et de s'abandonner avec extase à l'enchantement de l'amour. Le jeune homme la suivit; elle devina qu'il la suivait : les femmes les moins clairvoyantes savent la reconnaître cette ombre attrayante de l'amant qui passe. Elle se promena plus long-temps que de coutume, sans voir l'amoureux, mais sachant qu'il marchait près d'elle en respirant la même bouffée de vent, en caressant les mêmes rêves. Quand elle partit, elle se dit tout bas : A demain ; et l'amoureux, pareillement inspiré, se dit aussi : A demain. Cependant, nul n'alla au rendez-vous; des deux côtés, les heures suivantes effacèrent en passant ces molles atteintes d'un naissant amour. Le jeune homme avait bien autre chose à faire ; sans parler de ses amourettes, il lui fallait passer le surlende-

main, sous peine de perdre *les bonnes
grâces* de son père, son second examen de
droit; car, il faut bien le dire, notre élégant
oisif n'était rien autre chose qu'un étudiant
qui s'appelait *Eugène Lefèvre*, mais un
étudiant de bonne mine et de belle allure,
un étudiant comme il y en a peu. Le cœur
ne valait pas mieux pour cela, mais les dehors étaient plus attrayans. Il n'alla donc
pas au rendez-vous. Il eut bien, de la rue
de l'Odéon où il demeurait, quelques élans
vers le jardin du Luxembourg, mais il tint
bon; ses vagues désirs s'éteignirent dans le
Code de Procédure. Mme de Fontenay, malgré l'attrait du péché, resta au coin du feu,
si triste au printemps, se résignant à l'ennui
des autres jours. Il lui arriva mainte fois de
regarder le bleu des nues avec un frémissement coupable, de rêver avec une volupté
mystérieuse à la pomme défendue : elle ré-

sista à toutes les séductions de la rêverie.

Quelques jours après, une amie d'enfance étant venue de son pays, elle sortit avec cette amie pour l'accompagner chez une marchande de modes de la rue de la Paix. Comme les deux promeneuses allaient dépasser la grille des Tuileries, Eugène Lefèvre s'arrêta tout d'un coup à leur rencontre. Quoiqu'il eut ce jour-là l'air un peu fanfaron et ricaneur, il rougit et laissa tomber un cigare tout allumé. Il se détourna, mais Mme de Fontenay ayant fait un pareil mouvement, ils se retrouvèrent face à face. — Nous avons beau faire, madame, dit-il en s'inclinant et d'une voix troublée. Cela n'était pas mal trouvé. Mme de Fontenay fit semblant de ne pas entendre; elle passa fièrement sans s'apercevoir qu'elle coudoyait le pauvre diable de soldat de garde, qui ne s'en plaignit pas. Elle rejoi-

gnit son amie de Nevers et lui demanda
d'un air distrait comment elle trouvait ce
jeune homme; ce à quoi l'amie de Nevers
répondit que, pour un Parisien, il n'était
pas trop mal.

Ce jour-là, la petite comédie sentimentale commença dans cette première scène qui amène toujours un dénouement quelconque. C'est un opéra qui se répète au piano en attendant les grands bruits de l'orchestre. Eugène Lefèvre avait glorieusement passé son examen, Mme de Fontenay chancelait plus que jamais dans ses mauvais désirs, si bien qu'ils saisirent ensemble avec ardeur ce beau fil d'or que l'amour nous donne à retordre. Mme de Fontenay était fataliste, surtout dans les affaires du cœur; elle s'imagina bien vite que la destinée avait écrit pour elle, en lettres de feu, le sommaire d'un roman d'amour qui débutait si fraîchement avec le printemps. Pour Eugène Lefèvre, il augurait bien des deux rencontres. — Le diable s'en mêle, disait-il en suivant du regard Mme de Fontenay ; cet amour-là ne peut manquer de faire son chemin. Et il alluma un autre cigare.

II

Le lendemain, Mme de Fontenay s'habilla brusquement avec une négligence toute féminine pour aller se promener au Luxembourg. — Cependant, dit-elle avant de partir, c'est presque aller à un rendez-vous. — Bah! reprit-elle en dépassant le seuil de sa porte, ne faudra-t-il pas pour ses beaux yeux me priver de la promenade? A peine fut-elle arrivée aux premiers arbres du jardin qu'elle entrevit Eugène. — Il m'attend, pensa-t-elle avec un tressaillement. Elle se détourna en feignant d'être appelée à l'autre bout du jardin; bientôt elle revit l'amoureux devant elle. Il lui fallut faire des zigzags sans nombre. Enfin elle arriva saine et sauve à l'ombre d'une de ces statues ébréchées où se reposent les promeneurs, au-dessus du bassin. Là, elle ferma son ombrelle, elle s'assit sur une chaise de bois, plus douce mille fois que la molle ottomane de sa chambre à coucher; elle mit coquettement ses jolis petits pieds sur une autre chaise, elle prit dans son sac un petit livre doré, et elle fit semblant d'y lire : la vérité c'est qu'elle lisait dans son cœur; quant au livre, elle devait le lire plus tard : c'était ce rude consolateur qu'on appelle l'*Imitatiou de Jésus-Christ*. J'oubliais de vous dire que Mme de Fontenay n'était pas venue toute seule au Luxembourg ; une femme de chambre l'accompagnait, au grand dépit d'Eugène Lefèvre. Lui-même n'était pas venu seul ; il avait à ses côtés un grand épagneul haletant et bondissant, assez maigre, qui dînait par hasard et le plus souvent pour tout de bon, avec des articles du Code ou avec le mauvais style des livres de droit.

Eugène Lefèvre alla s'asseoir à quelques pas et tout en face de Mme de Fontenay. Le chien se coucha à ses pieds sous un rayon de soleil. Eugène Lefèvre regarda devant lui — naturellement — ; il n'osa pas d'abord voir Mme de Fontenay ; il vit la femme de chambre, mais peu à peu son œil s'éleva jusqu'à la maîtresse. — C'est cela, dit-il, voilà bien l'image que j'ai dans le cœur. Et involontairement il fit une caresse à son chien. Mme de Fontenay lisait toujours dans le livre en question. Cependant le théâtre ne s'animait guère, les acteurs apprenaient encore leurs rôles, la femme de chambre lorgnait un étudiant de première année, l'épagneul sommeillait déjà. Par bonheur pour les amans et pour l'épagneul, la femme de chambre prit dans son cabas un petit pain au lait, et elle y mordit à belles dents; le chien ouvrit un œil mélancolique et se lécha les lèvres. La femme de chambre essaya de coudre en mangeant; elle se piqua, le pain lui échappa des mains, elle voulut le rattraper, mais elle ne fit que le lancer plus loin, tout juste devant le nez de l'épagneul qui n'y regarda pas à deux fois et qui y mordit d'aussi bonne grâce que s'il n'eût pas été à un étudiant de seconde année. Eugène Lefèvre voulut que cette bonne fortune de son chien servît à la sienne; il ordonna à l'épagneul de porter cette proie à la pauvre fille qui ouvrait une bouche ébahie; et, comme l'épagneul n'entendait pas trop de cette oreille-là, Eugène Lefèvre l'entraîna vers la statue dont le piédestal servait d'appui à Mme de Fontenay.

— Je vous amène un coupable, madame, dit-il en s'adressant tour à tour aux deux femmes.

Il fallait bien répondre un peu : la femme de chambre répondit à l'homme, la maîtresse répondit au chien; c'était s'avancer beaucoup. Que répondirent-elles? En vérité je n'en sais rien, elles non plus. Ce que je sais à merveille, c'est que Mme de Fontenay caressa l'épagneul avec plaisir, et qu'à chaque caresse de sa blanche main, Eugène

Lefèvre chancelait. Que vous dirai-je encore ? le chien mangea le petit pain, et les soupirans s'enivrèrent du premier sourire de l'amour. La femme de chambre seule y perdit. Après quatre paroles absurdes, Eugène Lefèvre s'inclina et s'en alla sous les arbres respirer à loisir je ne sais quel feu et quel parfum. Il se mordit les lèvres pour avoir si mal parlé, et pourtant Mme de Fontenay le trouva fort éloquent; tant est vrai ce proverbe vulgaire que je répète à regret : « C'est l'air qui fait la chanson. »

Le lendemain, pareille cérémonie ou à peu près. Le surlendemain, Eugène Lefèvre ramassa le mouchoir de Mme de Fontenay, qui ne fut pas très surprise d'y trouver un billet : « — *Madame, vous êtes belle et je vous adore, etc.* » Au bout de huit jours, Mme de Fontenay avait entre les mains un roman intime qu'Eugène Lefèvre avait lu tout exprès pour elle, c'est-à-dire que le sournois avait marqué par une croix tous les beaux passages, les tristes surtout. Mme de Fontenay, aveuglée par son cœur, n'y regarda pas à deux fois. Elle se laissa aller en étourdie à tout l'attrait de sa passion romanesque. L'amoureux était charmant : dans tout l'éclat de la jeunesse, dans tout l'enjouement de l'esprit ; et puis, il demandait si peu — d'abord — pour être le plus heureux entre les hommes. Comment ne pas s'attendrir quand on a le cœur oisif? Au bout de quinze jours, Mme de Fontenay sortait toute seule, après avoir dit à son mari qu'il marchait à pas de géant dans l'art de la peinture ; au bout de six semaines... Ma belle dame, permettez-moi, s'il vous plaît, de faire une croix sur ce passage-là. Permettez-moi surtout de plaindre Mme de Fontenay !

III

En effet, au commencement de l'automne suivant, on s'égayait beaucoup à Paris, grâce aux beaux esprits de la *Gazette des Tribunaux*, sur la séparation de M. et de Mme de Fontenay ; on racontait mille jolis détails à ce propos ; la chronique scandaleuse ne disait pas autre chose. Au moins, en ce tenps-là, Mme de Fontenay cachait son front tout rouge de honte sur le cœur de son amant.

La pauvre égarée ! elle qui croyait, comme toutes les femmes aimantes, aux amours éternelles, elle s'était réfugiée, au bout *des six semaines,* avec Eugène Lefèvre, dans un hôtel de la rue de l'Université. Dans son aveuglement, elle pensait y rester toujours ; du moins, si quelquefois elle regardait au-delà de l'hôtel, elle voyait en province, dans le pays d'Eugène Lefèvre, quelque adorable oasis au fond d'une solitaire vallée.

Enfin le voile tomba de ses yeux ; elle s'aperçut qu'Eugène Lefèvre avait, dans ses premières ardeurs, dévoré son amour ; quand elle s'appuyait sur son cœur, elle ressentait un frisson glacial comme aux approches de la nuit et de l'hiver ; quand il lui parlait, sa parole était plus brûlante, mais sa voix était moins tendre ; quand il la regardait (il la regardait peu, comme s'il eût craint de se dévoiler), son œil n'avait plus cette flamme pure qui s'allume dans le cœur. Mme de Fontenay pleurait amèrement, mais elle pleurait en secret; car elle espérait encore. Çà et là elle cherchait à s'aveugler; tout en assistant à l'agonie de l'amour d'Eugène Lefèvre, elle ne croyait pas à la mort. Si, par hasard, la voix de son amant redevenait tendre, elle se croyait, comme au bon temps, souveraine de ce cœur volage. Je ne vous dirai pas tous les rayons d'espérance qui traversèrent son désenchantement jusqu'au triste jour où son Eugène ne l'aima plus du tout.

Ce jour-là, elle baissa la tête sous le repentir, elle suivit d'un œil sec le convoi de son bonheur, elle demanda à Dieu la grâce de mourir avec son cœur. Mais Dieu qui n'est pas toujours bon à tort et à travers, se fit prier un peu.

— Cependant, se disait-elle un matin que le ciel était gai, si Eugène m'accordait seulement la tendresse d'un frère pour sa sœur, je sens que j'aurais la force d'oublier le bonheur passé.

Eugène Lefèvre, qui la voyait tant souffrir, eut presque la compassion d'un amant; il releva d'une main amie cette pauvre femme toute brisée ; il lui cacha par un sourire les ennuis de son cœur ; il passa tout un soir à pleurer sur son épaule. Hélas! presque le lendemain, elle le surprit qui riait sur l'épaule d'une autre plus jeune, sinon plus belle.

— Je ne suis plus que sa sœur, dit-elle; mais elle eut beau se dire cela, son cœur ne raisonnait pas ainsi ; la douleur dépassa la résignation ; elle se plaignit comme une amante qui a encore le droit de se plaindre; Eugène Lefèvre, qui avait son troisième examen et une amourette à passer, déchira pour toujours ce pauvre cœur malade par ces paroles horribles : — Madame, vous m'obsédez ! — Mme de Fontenay, pâle, sombre, chancelante, sortit en silence de l'hôtel et ne revint pas.

Elle ne savait où aller. — Où aller en effet? Dans son égarement, elle passa devant la porte de son anciennne maison, de cette maison où elle avait goûté sinon les joies ardentes, du moins le bonheur calme et facile de la vie. Elle baissa la tête et passa outre. Elle alla habiter un hôtel de la rue des Saints-Pères. Eugène Lefèvre passait une fois par jour dans cette rue ; elle espérait le voir ; aussi, elle restait toute la matinée à ses fenêtres. Hélas! elle voyait passer son ancien amant, mais il n'était jamais seul.

Un soir, elle voulut écrire; elle écrivit une lettre à attendrir les rochers. Vous savez tous comme ces pauvres femmes délaissées écrivent avec leurs larmes ! La lettre écrite, elle la brûla. — Silence ! dit-elle à son cœur.

Dans l'après-midi, elle allait au jardin du Luxembourg revoir le berceau de ses songes amoureux, respirer le parfum d'un meilleur temps, écouter avec l'âme les chansons perdues.

Un jour pourtant, Mme de Fontenay ne put imposer silence à sa jalousie. Elle se promenait dans les tristes allées de l'Observatoire. Tout à coup, elle vit à la grille du Luxembourg le volage Eugène Lefèvre, ou plutôt elle vit une femme accrochée au bras de son amant. — Où va-t-il, se demanda-t-elle en appuyant la main sur son cœur.

Elle ne put s'empêcher de le suivre de loin. Eugène Lefèvre allait à *la Chaumière*, ce terrible bal, bal éternel de la passion au grand jour. Elle voulait le suivre jusqu'au bout, mais comment dépasser le seuil de ce jardin des plus folles gaietés? Elle s'éloigna rapidement la rougeur au front et le désespoir dans l'âme. Elle erra à l'aventure jusqu'à la nuit venue, sur ces boulevarts déserts, où le regard se détourne en vain des tableaux désolans. Elle écoutait en soupirant la joyeuse musique et la bruyante gaieté de la Chaumière; de temps en temps elle allait s'appuyer contre une petite porte du fond du jardin, d'où elle entrevoyait çà et là, à travers le feuillage, les amoureux de première année. Elle espérait voir passer Eugène, mais sans doute Eugène s'épanouissait à la lumière dans les enivremens de la valse.

La nuit était sombre, Mme de Fontenay s'effraya d'être ainsi seule en ce désert périlleux : elle voulut revenir sur ses pas, mais en revoyant la façade dansante et chantante, elle s'arrêta avec un vague désir ; elle regarda entrer les arrivans ; sans se l'avouer, elle envia toutes ces filles éperdues et perdues qui entraient là avec tant d'heureuse insouciance. Cependant elle ne s'en allait pas. Quand le devant de la porte fut désert, la tentation d'entrer la saisit avec violence. — Tu passeras vite comme une ombre, lui disait son cœur ; tu te cacheras dans un bosquet, tu verras Eugène, tu verras si sa joie est pure comme celle qui vient du cœur ; tu verras s'il aime sa maîtresse comme il t'aimait, et si sa maîtresse l'aime comme tu l'aimais ; tu verras enfin, tu verras, tu verras, tu verras !

Mme de Fontenay ne put résister ; elle

passa vite, avec dignité pourtant ; elle alla se jeter dans le premier bosquet venu, toute défaillante, comme si elle allait mourir. A peine eut-elle levé les yeux qu'elle vit Eugène Lefèvre au milieu des quadrilles, mais non pas souriant et voltigeant comme elle le craignait ; il dansait avec ennui ; il avait l'air d'aller à l'École de Droit. Mme de Fontenay respira moins péniblement. — Je ne l'ai jamais vu si ennuyé, dit-elle en se berçant dans ses doux souvenirs.

La danse finie, il sortit du champ de bataille (on peut appeler cela un champ de bataille) ; il laissa sans inquiétude sa maîtresse au bras d'un ami, et s'avança tout en rêvant dans les sentiers obscurs du jardin. Il passa, il repassa devant le bosquet où gémissait Mme de Fontenay, perdu dans sa rêverie, allant et venant sans savoir pourquoi.

— Il pense à nos amours passées, murmura Mme de Fontenay.

Elle avait deviné juste ; les femmes ne se trompent guère sur ce chapitre-là. Eugène Lefèvre était las de ces bruyantes amours qui flétrissent l'âme et qui ne la font jamais fleurir, de ces amours passagères qui ne prennent pas le temps de descendre dans le cœur ; il était las de toutes ces femmes qui n'ont ni feu ni lieu, qui se chauffent et s'abritent chez le premier venu. Il songeait à s'en détourner pour jamais, et son cœur se rouvrait à cette douce saison que Mme de Fontenay avait tant embellie ! — Il faut aimer ainsi ou ne pas aimer du tout, pensait-il. Et il ajoutait bientôt : — Si Henri pouvait me ravir Anna, quelle délivrance ! — Henri, c'était son ami ; Anna, c'était sa maîtresse — et, chose étrange ! c'était fait depuis la veille.

Mme de Fontenay sortit du bosquet; elle suivit Eugène en silence. Peu à peu elle s'approcha de lui, elle l'atteignit, et, à demi-égarée, elle glissa lentement sa petite main tremblante au bras de l'infidèle. Il ne fut pas très surpris de cette action; il savait plusieurs coutumières du jardin capables de cela. Il s'arrêta pourtant, et, malgré le voile qui la cachait un peu, il reconnut Mme de Fontenay. — C'est vous! s'écria-t-il. Toi ici, mon cher ange!

Et il l'étreignait sur son cœur, tout brisé par cette rencontre. Il l'embrassa au front à travers son voile.

— Ah! reprit-il, si tu savais comme j'ai le cœur content! Mais comment es-tu donc venue ici?

Mme de Fontenay ne pouvait répondre. Il voulut détourner le voile pour l'embrasser encore. — Non, non, dit-il, je n'en suis pas digne.

Et il lui donna un second baiser à travers le voile.

— C'est le ciel qui nous réunit, reprit-il avec feu ; ne nous quittons plus jamais, jamais ! Ma pauvre amie, comme elle est pâle ! comme elle a souffert ! Oh ! Caroline, pardonne-moi. Mais ne restons pas ici. Si vous vouliez venir à l'hôtel ? Je vous en supplie !

La voix d'Eugène n'avait jamais été plus tendre : il entraîna Mme de Fontenay. Une fois hors de la Chaumière, elle le pria de retourner à ses nouvelles amours et de la laisser seule ; mais il fit si bien parler son cœur que la pauvre femme se laissa séduire encore ; sa jalousie résistait, mais son amour, plus violent que jamais, l'enchaînait au bras d'Eugène.

Après bien des débats, elle rentrait enfin

en ce petit logis si obscur où sa vie avait si bien rayonné. — Hélas! dit Eugène Lefèvre en entrant, une autre a profané le sanctuaire de notre amour, mais du moins nul n'a profané mon cœur; vous n'en êtes pas sortie un seul instant.

Mme de Fontenay balança la tête en signe de doute. — Qu'importe, dit-elle, je suis résignée à tout. Vous croyez m'aimer encore, me voilà pour vous répondre; vous vous fatiguerez encore de moi : eh bien! je sais le chemin de l'exil.

Eugène Lefèvre redevint adorable comme autrefois. Mme de Fontenay le revit à ses pieds, tendre et passionné, sans masques et sans mensonges. Durant les deux mois suivans, il sortit à peine de l'hôtel ; il passait doucement les heures de la journée à rêver tout haut avec sa mélancolique maîtresse.

Comme on était aux plus beaux jours de

l'année, il l'emmena aux portes de Paris, dans une de ces aimables et faciles retraites qui bordent la Seine, au pied d'Auteuil. Là, dans l'oubli du monde, ils s'aimèrent comme des anges, sans craintes et sans regrets. Ils s'aimèrent plus tendrement, et aussi plus tristement que jamais, comme s'ils se souvenaient qu'ils s'étaient déjà séparés, comme s'ils pressentaient qu'ils allaient se séparer encore, et peut-être pour toujours. Le matin, ils s'embarquaient sur la Seine, et ils s'abandonnaient mollement, les yeux fermés, aux flots et à l'amour; ils passaient l'après-midi dans leur retraite, recherchant un peu, durant les mauvais jours, les distractions de la musique et des romans; enfin, ils allaient goûter les heures amoureuses du soir dans les avenues de Boulogne ou de Passy. Eugène Lefèvre ne sortait seul que pour revenir avec un bouquet :

c'était alors presque tous les jours la fête de la pauvre Mme de Fontenay.

Mais la joie va vite, comme les morts de la ballade; on la voit passer à peine; on veut la saisir, elle est déjà trop loin; et chaque fois que la volage est passée, on rencontre la tristesse qui va clopin-clopant. A peine de retour à Paris, Mme de Fontenay retrouva le désert dans le cœur d'Eugène Lefèvre : l'amour avait perdu son charme en revenant d'Auteuil, c'est-à-dire de la solitude.

L'inconstant fut moins amer que la première fois, mais sa générosité fut plus cruelle encore pour la victime. Paris avait ranimé les gais et folâtres instincts d'Eugène Lefèvre; il lui fallait reprendre un peu sa joyeuse et bruyante jeunesse; il lui fallait recommencer le gai roman qui débute à la Chaumière et qui finit plus ou moins.

Mme de Fontenay comprit que le temps était venu de s'éloigner à jamais, sinon de son amour, du moins de son amant : Eugène Lefèvre avait beau lui cacher son cœur par de doux sourires et de tendres paroles ; elle était, hélas, trop savante là-dessus.

Un dimanche au soir, Eugène Lefèvre s'étant endormi au coin du feu, elle écrivit quelques mots à la hâte ; elle embrassa — pour la dernière fois — le front ennuyé de son amant ; elle laissa tomber une larme sur lui ; — puis elle s'en alla.

En s'éveillant, Eugène Lefèvre, qui n'avait pas rêvé d'elle, la chercha des yeux. — Caroline ? murmura-t-il. Mais elle ne vint pas comme de coutume lui sourire et l'embrasser. Il se leva, il passa dans la chambre voisine, il la chercha partout, jusque sous les rideaux du lit. — Elle est partie ! dit-il en soupirant. Et il la chercha encore. Enfin, revenant à la cheminée, il aperçut ce mot d'adieu qu'elle lui avait laissé :

« Adieu, mon ami ; il fallait partir et je m'en suis allée. Loin de vous du moins je vous retrouverai selon mon cœur. Hélas ! où aller ? Si j'ai la force de vivre loin de vous, je reviendrai plus tard. Adieu. »

Eugène Lefèvre pleura comme un enfant.
— Je l'ai voulu, dit-il avec douleur ; je l'ai voulu, me voilà seul.

Son chien vint à lui et se mit à gémir.

Il ne put se coucher ; il tourmenta le feu sans relâche durant presque toute la nuit. Malgré les flammes ardentes, il avait froid — vous savez, ce froid terrible qui vient par le cœur. Il se rappelait un certain soir de décembre où, sur une montagne solitaire et dépouillée, après le coucher du soleil, la bise avait soufflé sur lui. — Oui, le soleil est couché, disait-il en frissonnant.

Cette fois, Mme de Fontenay se réfugia chez une ancienne amie dont le mari venait de mourir. Les deux veuves pleurèrent ensemble, mais l'une d'elles se consola. Il faut bien le dire, on se console plutôt de celui qui est mort que de celui qui est parti. Car ce n'est pas sa faute si celui qui est mort ne peut pas revenir.

Mme de Fontenay se demandait parfois pourquoi elle aimait tant Eugène Lefèvre, cet insouciant garçon qui ne prenait rien au sérieux, pas même l'amour ? Ses souvenirs lui répondaient qu'Eugène Lefèvre l'avait aimée avec toute son âme et avec toute son imagination, et qu'il avait donné tout ce qu'il en avait, tant pis pour elle si elle en avait si peu ! Ses souvenirs lui peignaient encore cette belle pâleur, cet œil attrayant qui ne regardait pas une seule femme en vain, cette figure à la fois fière et douce, enfin cette lèvre efféminée qui était le chef-d'œuvre de la séduction. — Un étudiant, disait-elle, gâté par les folles amours, le cœur ouvert à tout venant ! — C'est vrai, reprenait-elle, mais tous les hommes sont ainsi. Et puis celui-là est une nature privilégiée, une noble nature tombant quelquefois, mais s'élevant presque toujours au-dessus des autres, par son esprit et par son cœur. Elle avait beau dire et beau faire, elle s'enfonçait tous les jours plus avant dans sa peine et dans son amour, comme dans une forêt touffue, d'où elle ne pouvait sortir qu'avec la mort.

Un jour (trois mois s'étaient écoulés depuis qu'elle vivait, du moins depuis qu'elle mourait loin d'Eugène Lefèvre), je vous l'ai déjà dit, elle s'était appuyée contre le piédestal d'une statue, comme un spectre contre un tombeau. Eugène Lefèvre, qui lisait un journal, vint à passer à côté d'elle, ayant son chien en laisse. Comme il tombait quelques gouttes de pluie, il s'arrêta sous un arbre voisin pour achever de lire le journal. L'épagneul, ayant reconnu Mme de Fontenay, se détacha des mains de son maître, courut à elle, retourna à lui, enfin fit tout ce que pouvait faire un digne chien pour réunir d'anciens amans. Eugène Lefèvre s'était attendri, il eut le même élan que son chien vers Mme de Fontenay, mais la vue de deux amis, qui naguère s'étaient beaucoup moqué de sa constance et de sa sensiblerie, l'arrêtèrent dans son élan. Pour se consoler de cette mauvaise œuvre du cœur, il se dit que c'était pour ne pas renouveler des douleurs saignantes encore, il s'éloigna et (sans doute sans y penser!) il siffla son chien.

— Adieu donc, se dit Mme de Fontenay en s'en allant.

Il lui avait souvent parlé, dans le beau temps de leurs amours, des doux et tristes paysages de son pays — la Thiérache — petite province qui s'étend entre la Champagne, l'Ile de France et la Picardie. Ce pays avait pour elle un fatal attrait.

— Si j'allais y mourir? dit-elle un jour avec une amère volupté.

L'AGONIE

DE

MADAME DE FONTENAY.

I

En Thiérache donc, au-dessus du village d'Argilly, dans l'escarpement d'une petite montagne brisée, j'ai vu une maison d'apparence lugubre, qui abrita une grande infortune l'an passé ; cette maison, connue sous le nom de *Nid de Corbeaux*, fut bâtie en 1824 par un vieux diable de cabaretier qui se faisait ermite. Le compère Durand, las des joies de la bouteille, était devenu malade de misanthropie, et, résolu de se retirer des ivrognes, il avait imaginé cette solitude sauvage où s'arrêtent les corbeaux pour leurs prédictions sinistres, cette Thébaïde austère, dont le seul aspect donne aux âmes rêveuses la mélancolie des anachorètes. La façade, en briques grisâtres, se détache à peine des grandes roches qui coupent la montagne, de chétifs arbustes balancent tout à l'entour leurs têtes chauves ; sur le sol stérile, de maigres épis de seigle et d'orge s'élèvent çà et là comme par miracle. L'été, cependant, la chevelure ondoyante de quelques bouleaux, les touffes d'herbe qui encadrent les grandes roches, les fleurs des aubépines et des bruyères, animent un peu ce morne paysage. D'un côté, un mur d'enceinte ; de l'autre, une haie de sureaux plantée sur le bord d'un ravin à peine visité par les troupeaux, cachent à tous les yeux ce qui se passe dans la solitaire maison. Du haut de la montagne, on pourrait voir la porte et une des fenêtres sans un gros bouquet de chenaie qui garde son voile de feuillage pendant toute l'année. « On parviendrait pourtant, en gravissant » le ravin, à violer le mystère de ce triste » asile ; mais le sentiment de respect qu'ins- » pire le malheur qui se cache, arrête » les plus curieux. » Ces dernières lignes sont dans une lettre venue d'Argilly, en 1838.

Le baptême pittoresque de la Thébaïde du cabaretier fut une prophétie que le fortune humaine s'amusa à confirmer. Le *Nid de Corbeaux* a été un refuge d'âmes en deuil, ou un gîte de malheur, et il serait curieux de raconter les drames et les tragédies qui l'ont eu pour théâtre; mais le livre serait trop long; j'en veux seulement détacher un chapitre, — le dernier !

II

Vers la fin de juillet 1838, Mme de Fontenay descendit, à une demi-lieue d'Argilly; de la diligence de R..., comme entraînée par l'aspect du paysage. Elle était seule, et elle cherchait la solitude. Les premiers qui la rencontrèrent furent frappés de sa triste pâleur et de sa sombre beauté. Elle souriait, mais son sourire était plus attristant que ne sont les larmes ; il confiait mille douleurs cachées, il révélait une âme couronnée d'épines. Mme de Fontenay était vêtue avec une élégance toute parisienne ; son chapeau était d'une orgueilleuse simplicité, sa robe avait un amoureux abandon. Comme le soleil était ardent, elle s'ombrageait nonchalamment d'une ombrelle de soie blanche, que de temps en temps elle laissait retomber à ses pieds d'une main abattue. Quand elle eut, durant quelques minutes, contemplé tous les accidens du paysage, elle se mit à marcher plus vite vers Argilly. En atteignant la première masure, elle demanda le presbytère, et sur l'avis d'un jardinier, elle s'avança du côté de l'église dont elle voyait depuis une heure le clocher flamand. Elle s'arrêta devant une petite porte grise surmontée d'une croix de fer. A peine eut-elle sonné, qu'elle vit apparaître M. le curé d'Argilly, jeune rêveur, naturellement gai, légèrement attristé par la solitude.

— Monsieur le curé, lui dit-elle d'une voix émue, je cherche une solitude où je puisse mourir en paix ; dites-moi où il me faut aller.

Le curé, tout abasourdi, regardait silencieusement Mme de Fontenay.

— Hélas! reprit-elle en souriant de son triste sourire, vous ne me comprenez pas ; je vais vous parler plus simplement : je suis lasse du monde, ou plutôt le monde est las de moi... je suis condamnée à vivre seule, toute seule! Je suis condamnée à pleurer jusqu'à la fin de ma vie. Eh bien, monsieur le curé, il me faut un asile, quelque chose d'un peu moins noir et moins étroit qu'une tombe : trouverai-je cela dans votre pays ?

Le pauvre curé, violemment troublé, pensa d'abord que Mme de Fontenay était folle ; mais en la voyant si pleine de tristesse et de dignité, il pensa qu'elle était malheureuse ; il devina une pécheresse repentante, une brebis égarée qui demandait le chemin du bercail ; il sentit couler en son cœur ces divines sources de compassion que Jésus-Christ a si bien trouvées : il voulut consoler l'affligée et sauver la pécheresse.

— Prenez garde, madame, dit-il avec attendrissement, la solitude est plus noire que la mort. Vous serez plus agréable à Dieu en consolant les pauvres qu'en vous ensevelissant ainsi. Saint Antoine, saint Bernard, saint Jean-Baptiste, ont quitté leur ermitage pour remplir de saintes missions ; demeurez dans le monde tant qu'il vous restera un grain de charité. Le monde vous a couronnée d'épines ; mais le calvaire n'est-il pas ici-bas la place du chrétien? Les passions vous ont peut-être éloignée du Seigneur; lisez tous les matins la parabole de l'Enfant prodigue, et vous retournerez au Seigneur : son joug est plus doux. Oui, Madame, la charité vous consolera; vous passerez sur la terre comme la rosée du ciel, et on dira de vous : *Transiit benefaciendo.*

Mme de Fontenay souriait avec une légère ironie. — Monsieur le curé, maintenant que vous avez égrainé votre chapelet, vous allez sans doute me répondre : trouverai-je un asile dans votre pays?

Le jeune curé sembla se raviser. — Puisque vous persistez, Madame, à fuir le monde, je dois vous encourager dans votre dessein de chercher un refuge au milieu des champs; car là tout vous parlera de Dieu : le ciel, les montagnes, les fontaines; vous verrez sans cesse l'image du grand consolateur; après les larmes, la prière; avec la prière, l'espérance...

—Vous allez trop vite, Monsieur le curé, l'espérance ! l'espérance ! Ah ! ne me parlez pas de l'espérance; la plus belle fleur de ma vie est moissonnée; je ne veux plus que pleurer.

— Je commence, Madame, à vous comprendre, dit le curé en souriant tristement, comme pour répondre au sourire continuel de Mme de Fontenay; vous êtes lasse des voluptés de la joie, vous voulez savourer celles des larmes; c'est peut-être irriter le ciel, mais que votre volonté soit faite sur la terre.

En disant ces derniers mots, M. le curé avait presque l'air galant. Comme Mme de Fontenay ne parut point s'en douter, il reprit avec gravité : — Vous cherchez un paysage austère, une nature sauvage, une solitude profonde; je n'en sais pas le chemin; les hommes ont si bien fait, ou plutôt les hommes ont si mal fait, qu'aujourd'hui les grandes douleurs ne peuvent plus se cacher; les pieux solitaires sont forcés de vivre dans l'horrible solitude du monde.

Mᵐᵉ de Fontenay eut un mouvement d'impatience. — Enfin, dit-elle, il n'y a donc pas dans toute la France un petit coin de cette terre inculte où je puisse vivre, c'est-à-dire mourir seule.

— Je vous l'ai dit, Madame, le temps des solitaires est passé. Aujourd'hui il n'y a plus de respect pour rien, pas même pour la douleur; les curieux vous troubleront sans pitié, et si vous leur fermez votre porte, ils diront...

— Ils diront que je suis folle, peut-être ils auront raison. Mais qu'importe, pourvu que leurs clameurs ne me viennent point à l'oreille. Ainsi, Monsieur le curé, il faut que je cherche plus loin.

— Il y a, Madame, de l'autre côté de la montage le donjon en ruine de Saint-Remy, qui est à vendre depuis long-temps; c'est une Thébaïde grandiose, où votre douleur serait à l'aise; mais je pense que les héritiers de Mme la comtesse de Vieil-Arcy ne détacheront pas le château des dépendances; d'ailleurs, il faudrait des pourparlers...

— Je veux un asile plus humble et plus ignoré; — J'entrevois au-dessus de ces arbres une petite maison presque ensevelie dans les rochers...

— Je songeais à vous en parler, Madame; mais c'est un mauvais gîte, tout le monde vous le dira. Quoique je ne sois point superstitieux, je dois pourtant vous avertir que c'est une maison de malheur, fatale à tous ceux qui l'habitent. A peine fut-elle bâtie que, par un présage vraiment étrange, on lui donna le nom lugubre de *Nid de Corbeaux...*

Une joie sinistre brilla dans les yeux de Mme de Fontenay.

— Je suis sauvée, dit-elle en s'animant.

Une heure après, Mme de Fontenay, suivie d'une femme d'Argilly, gravissait le sentier de la montagne. Quand elle s'arrêtait pour reprendre haleine elle caressait d'un regard douloureux l'ermitage du cabaretier. En arrivant au mur d'enceinte, elle pria la femme qui la suivait de lui remettre les clefs et de l'attendre à la porte. Le jardin, tout ravagé par les derniers orages, eut pour elle un charme funèbre. En passant dans la maison, elle vit avec une sombre joie que le lichen, l'ortie et le blé sauvage avaient envahi le seuil. Les murailles nues, les fenêtres désolées, la cheminée rustique, les solives brunies parlèrent à son imagination; elle eût désiré plus de misère et de délâbrement, moins de lumière et de solidité; cependant à chaque pas, elle murmurait : — Voilà mon gîte! et elle respirait en rêvant ce parfum humide et sépulcral. Elle ouvrit à grand'peine une croisée, et s'appuya sur la pierre de la fenêtre pour revoir le paysage; malgré les bienfaits de la saison, malgré le luxe du jeune feuillage, l'or des fromens, l'éclat des sainfoins en fleur, la richesse des prés, le paysage était morne, rien ne troublait le calme de l'horison; — partout une ligne grisâtre, coupée çà et là par des arbres chétifs : — Mme de Fontenay croyait voir l'océan de sa douleur. Le ciel était zébré par des nuages fauves, les bruits silencieux de la vallée s'élevaient en rumeurs plaintives, le vent gémissait dans la montagne; enfin, ce jour-là, tout sembla flatter le mal de la pauvre femme. En se détachant de la croisée, elle essuya des larmes de volupté. — Vous savez quelle volupté !

A la tombée de la nuit, Mme de Fontenay reprit la diligence qui l'avait amenée. Elle emportait une promesse de vente de l'un des héritiers du cabaretier misanthrope ; environ huit jours après, elle envoya trois mille francs au notaire d'Argilly, avec le pouvoir d'acheter la solitaire maison, et à la fin du mois elle revint pour l'habiter.

Avant de s'enfermer pour toujours dans ce linceul de pierre, elle s'arrêta long-temps sur un rocher de la montagne. Il était midi ; le soleil rayonnait sur une nature toute agitée ; le ciel était bleu, le paysage presque attrayant, la brise légèrement parfumée ; l'alouette chantait dans l'air, les ramiers roucoulaient aux bois, l'hirondelle caressait la verdure : partout une chanson ou un frémissement. Mme de Fontenay se rappela les fêtes du monde; son morne regard plongea dans l'horison où se cachait Paris, et, souriant avec amertume, elle murmura d'une voix éteinte : — Adieu !

III

Avant son retour, un tapissier de Saint-Remy avait meublé l'ermitage avec une grande simplicité : un lit de chêne, une armoire brunie, une vieille table à colonnes, une lampe de fer, un fauteuil vermoulu et un escabeau, — voilà tout. —

Elle s'arrangea avec une fermière voisine pour sa nourriture. Le matin et le soir, une servante lui apporta silencieusement des fruits, des légumes ou du laitage. Mme de Fontenay ne parlait pas à cette fille; elle la remerciait par un morne regard, et tout était dit.

Durant le premier mois, malgré les attraits de la belle saison au dehors, la pauvre exilée ne dépassa pas la porte du mur d'enceinte qui la séparait du monde. Elle se promenait lentement, lentement comme un spectre, dans la sauvage allée du jardin; loin de cultiver cette terre ingrate, elle foulait d'un pied jaloux les humbles ravenelles qui s'élevaient de tous côtés; elle ne voulait que des débris, des ruines, des images de mort. Elle ne creusait point sa fosse comme font les trappistes, car elle était déjà dans sa tombe, mais tous les jours elle détachait une pierre au mur du jardin. Elle avait coutume de passer ses après-midi à l'ombre des sureaux dont elle aimait le parfum amer ; elle arrêtait son regard sur la haie et s'abandonnait à ses songes infinis. Qui pourra dire jamais les sombres tristesses qui l'enivraient, les mélancolies ardentes qui dévoraient son cœur, les souvenirs amers qui traversaient son âme comme autant de flèches empoisonnées ; pendant que les yeux du corps s'égaraient sur l'horison restreint que leur formait le mur grisonnant, les yeux de l'esprit, ne rencontrant pas de bornes pour leurs regards, traversaient le monde, mais seulement comme des oiseaux de passage. — Mon âme, disait-elle souvent, est une pauvre hirondelle que l'hiver chasse de tous les pays.

À quelques pas de l'ermitage, un peu au-dessus du ravin, un torrent impur s'échappait, durant les orages, d'une carrière abandonnée, et se dispersait en bruyantes cascades sur des roches blanchies : quelquefois au milieu de la tempête, Mme de Fontenay, jalousant les agitations de la nature, s'élançait tout éperdue contre le vent et la pluie en priant l'orage de la battre et de la briser comme les jeunes arbres ; elle s'arrêtait devant les noires cascades du torrent, et les cheveux éparpillés par le vent, la gorge palpitante, les joues ruisselantes de pluie et de larmes, elle demeurait en contemplation au-dessus de l'abîme, insensible aux fureurs de la tempête comme une statue de marbre. Quand l'orage avait passé, quand l'arc-en-ciel réveillait les oiseaux en annonçant le soleil, Mme de Fontenay retournait au logis en maudissant ses forces ; elle s'enfermait en elle-même comme sainte Thérèse, elle tombait agenouillée devant son lit, voulant prier Dieu, mais ne sachant que dire à Dieu.

Son lit de chêne, chastement recouvert d'une blanche draperie, lui rappelait plus souvent la mort que l'amour, la tombe que le berceau ; elle s'y jetait avec une sombre volupté en appelant les songes désolants pour tourmenter son sommeil. Elle avait sauvé de son naufrage mondain quelques livres de piété. Elle éprouvait un charme funèbre à relire les pseaumes de la Pénitence, trouvant d'étranges émotions dans ces paroles étranges. Souvent elle se surprenait à psalmodier ce verset qu'elle aimait par-dessus tous les autres : *Laboravi in gemitu meo, lavabo per singu'as noctes lectum meum, lacrymis meis stratum meum rigabo.* — Oui, mon Dieu, disait-elle, *je laverai mon lit de mes larmes.* Et comme le prophète, elle songeait que les larmes sont des fontaines qui coulent sur la pierre où l'ange du Seigneur inscrit nos péchés.

Les pauvres seuls étaient bienvenus au seuil de sa porte : — Ceux-là, disait-elle, ne sont pas importuns, ils m'empêchent de mourir à la compassion comme je suis morte à tous les beaux sentimens ; grâce à eux, mon dernier passage ne sera pas aride, je le sèmerai de bienfaits. — Un soir du mois de novembre, par un temps de bise et de neige, une vieille mendiante alla frapper à sa porte ; elle l'accueillit à sa cheminée. La vieille était laide comme la mort, on ne voyait que ses os ; elle tendait au-dessus du brasier des mains brunes et sèches ; elle hochait lugubrement sa tête chauve, comme le balancier de l'horloge du temps ; elle avait l'œil louche, la bouche édentée, la voix sépulcrale. Mme de Fontenay, égarée par ses rêveries mystiques, s'imagina pour un instant que c'était la mort, et elle fut près de s'écrier : — Ouvrez-moi vos bras, ma mère! Revenue à sa raison, elle se mit à contempler cette ruine humaine qui avait été, comme toutes les femmes, verte et fleurie pour l'amour. Ce tableau désolant la jeta dans une douleur horrible; elle eut peur de la vieillesse; elle eut peur de cette mort corporelle qui vous ravit à chaque heure un attrait. Et toujours elle regardait la vieille, qui marmottait une oraison. — Voilà donc mon image future? pensait-elle en frissonnant. Faudra-t-il que je passe par cette métamorphose? O mon Dieu, renversez-moi tout d'un coup! Et jetant son manteau sur le dos de la mendiante :—Ma bonne vieille, allez-vous-en tout de suite.

L'hiver cependant avait mille attraits pour Mme de Fontenay; les nues frissonnantes, les neiges de la montagne, les glaces de la vallée, la nudité des bois, étaient les théâtres que recherchait son imagination. Elle aimait surtout à voir les tombées de neige; le front appuyé contre les vitres, elle passait des jours entiers à suivre des yeux les flocons indécis; et comme le vieux poëte Théophile, elle pleurait, sans doute en se souvenant, elle aussi, qu'au beau temps passé le ciel plus doux alors avait neigé sur elle un jour d'attente.

Cette âme, couverte de douleurs, avait encore de faibles rayonnemens; çà et là le passé lui cachait le présent, les roses de sa couronne refleurissaient sur les épines; une espérance lointaine verdoyait dans le désert, mais vague encore comme l'oasis que le voyageur pressent. Et puis Dieu qui s'offense des larmes infinies ne laissait pas écouler un seul jour sans distraire l'agonie de cette orgueilleuse pécheresse; ainsi, tous les matins et tous les soirs, les oiseaux affamés venaient par troupes sautiller sur sa fenêtre, béqueter les vitres et demander l'aumône par leurs cris. Elle ouvrait la porte et jetait sur le seuil, avec un plaisir mélancolique, du froment pur, qu'elle achetait à la ferme pour de pareilles semailles. Durant tout le repas de la peuplade aérienne, elle restait sur le seuil de la porte, admirant la légèreté fabuleuse et la malice diabolique des moineaux, poursuivant des songes fugitifs comme eux.

Un jour, en même temps que la servante de la ferme, le curé d'Argilly parut à la porte de l'ermitage. Il s'inclina tristement et s'avança en silence jusque devant la cheminée. Mme de Fontenay ne put réprimer un mouvement de dépit ; cependant, d'une main qui retomba tout de suite, elle indiqua son fauteuil au jeune prêtre. Et comme il ne bougeait pas : — Asseyez-vous, murmura-t-elle d'une voie glaciale.

— Non, madame, je reste debout, ou je m'agenouillerai devant votre douleur. Pardonnez-moi de profaner votre solitude; je sens bien que je n'ai point assez souffert pour assister à vos saintes austérités; je suis tout à Dieu...

— Mais la foi ne purifie pas comme la souffrance et la solitude, dit Mme de Fontenay.

— Hélas! madame, je suis seul aussi, et malheur à l'homme seul, dit l'Ecriture ; — malheur à celui qui ne mêle pas la vie agissante de Marthe à la vie contemplative de Marie! celui-là se fanera dans la tristesse. Ma gaieté s'est envolée à votre passage; vous m'avez caché ce soleil qui épanouit l'âme et en chasse les nuages. Je suis plus à plaindre que vous, madame; je suis triste et n'ai rien à pleurer. Vous pleurez un rêve détruit ; vous arrosez de larmes votre douleur, comme vous arroseriez un lis ou une marguerite ; moi, je n'ai point de fleur à arroser ; je suis condamné à pleurer sans larmes. Depuis six mois, j'essaie en vain de combattre ma tristesse ; je suis venu pour vous la confesser : la confession sera peut-être une délivrance.

— Dieu sème pour tous ses enfans une mauvaise fleur dont ils aiment le parfum amer ; votre fleur est semée, l'herbe la cache encore, demain peut-être vous la verrez. Demain vous reviendrez ici voir une sœur de souffrance... Non, non, ne revenez jamais. Je me suis réfugiée dans une tombe : ne troublez plus le silence des morts.

Le curé regarda Mme de Fontenay de ce regard ardent des peintres qui veulent se souvenir ; quand son âme, comme un pur cristal, eut réfléchi la belle et pâle figure de la solitaire, il s'inclina et sortit en murmurant : — Adieu donc, madame.

IV

Cette visite singulière troubla Mme de Fontenay; durant quelques jours le lac tranquille de sa vie s'agita comme s'il y fût tombé une pierre; mais peu à peu les flots se rendormirent si bien que les accidens de la nature n'en ridèrent qu'à peine la surface.

Le printemps ramena la vie autour de l'ermitage, les oiseaux chantèrent l'amour, l'herbe déploya ses touffes abondantes, la violette parfuma la montagne, la pervenche parfuma les bocages, la primevère parfuma les prés : Mme de Fontenay ne reverdit et ne refleurit pas ; la neige couvrit toujours son âme, la bise souffla encore dans ses cheveux. Les premières joies de la nature lui agacèrent les dents; c'était pour elle un air gai après un chant de mort. La nature, par son deuil et ses gémissemens, lui avait semblé pendant quatre mois une compatissante amie à qui elle confiait tous les jours ses peines; maintenant, ce n'était plus qu'une importune avec ses chants d'allégresse, ses rires amoureux et ses habits de fête. Çà et là, cependant, elle se laissait prendre aux séductions du printemps; son âme, enivrée par les brises odorantes du matin, déployait encore ses ailes brisées pour revoler aux cieux ; mais à peine aux débuts de sa course, l'âme retombait à terre plus malade que jamais. Dans un de ces momens d'oubli où la nature reprenait le dessus, ayant aperçu une violette dans l'herbe, Mme de Fontenay la cueillit soudain avec la joie d'un enfant; mais, la douleur revenant tout d'un coup, elle rejeta la fleur et voulut l'écraser du pied ; — elle n'en eut pourtant pas la force, elle se détourna généreusement. Une autre fois que la pauvre exilée se laissait séduire au spectacle du soleil levant, la servante de la ferme arriva près d'elle, portant d'une main son panier, et traînant de l'autre un joyeux enfant tout ébouriffé. Mme de Fontenay admira les yeux bleus et les joues roses de cet enfant; et, malgré son vœu de ne point distraire sa solitude par les histoires du monde : — Est-ce à vous, ce cher ange? demanda-t-elle à la servante.

Cette fille rougit et inclina silencieusement la tête. Dans sa physionomie naïve, Mme de Fontenay lut toute une histoire d'amour.

— Vous avez été séduite et abandonnée, *mais il vous a laissé un enfant.*

— Oui, ma chère dame. Le monde a beau dire, j'aime mieux un enfant que rien du tout. Les uns me chantent que si je n'était pas devenue mère, le mal ne serait pas si grand; chacun son goût. Pour moi, je trouve qu'on n'est pas si malheureuse quand il vous reste un gros chérubin comme celui-là ; c'est une chère consolation.

Quand la servante fut partie : — Hélas ! dit Mme de Fontenay, si j'avais un enfant, moi !

Ses bras levés retombèrent aussitôt, sa

tête s'inclina, ses genoux fléchirent ; jamais
on ne peignit si bien le désespoir du cœur
par l'attitude du corps.

— Si j'avais un enfant! il recueillerait
peu à peu mon amour, mon âme, ma vie ;
— il serait mon asile, et je vivrais en lui.—
Un enfant! un portrait vivant que je ne perdrais pas, le fruit adorable de deux amours,
l'image d'un bonheur passé, la suite d'un
beau rêve! — Un enfant! Encore lui, ô mon
Dieu!

L'infortunée regarda autour d'elle ; égarée
par l'exaltation, elle semblait chercher avec
des yeux de mère ; elle vit alors toute l'horreur de sa solitude. L'éclat du soleil, les
gaietés du printemps, le riant souvenir du
jeune enfant qui criait alors dans le sentier,
l'attirèrent au dehors et la ranimèrent soudain. Pour la première fois depuis son exil,
elle lui demanda si la vie ne lui gardait pas

des joies inespérées? Son cœur ne devait-il avoir qu'une belle saison? la coupe enchanteresse était-elle vidée jusqu'à la dernière goutte? ne devait-elle rire qu'un instant et pleurer toujours ensuite? Et comme en ses beaux jours, elle essayait de revoir l'avenir par le passé. Elle s'arrêta tout-à-coup avec un mouvement d'effroi au-dessus de la petite fontaine de la montagne, où je ne sais quel attrait fatal l'avait conduite. L'eau claire et légèrement agitée réfléchissait son image flétrie, et lui donnait les tons blafards d'une mourante. — Moi! s'écria-t-elle avec stupeur. Elle s'agenouilla, elle pencha son front sur la surface de la fontaine; et comme la coquette qui craint de surprendre un cheveu blanc dans ses tresses d'ébène, un ver rongeur aux roses de ses joues, elle ferma d'abord ses yeux effarés; mais bientôt, s'armant d'une force sauvage au souvenir de sa douleur, elle ouvrit de grands yeux, et contempla avec un orgueil superbe les ravages corporels. — Dieu soit loué! je me suis vengée de moi-même, dit-elle de la voix voluptueusement lugubre des trappistes qui parlent de la mort. — S'il venait, reprit-elle, comme je serais fière de de lui étaler cette laideur qui est son ouvrage. — Non, non, dit-elle aussitôt en redevenant femme; s'il venait, je me cacherais... je me cacherais au fond de ma tombe...

Alors toute sa vie repassa devant elle. D'abord elle vit une joyeuse adolescente que la mort d'une sœur attristait à jamais, ensuite, c'était une insouciante jeune fille qui donnait follement son cœur à un mari ennuyeux; et puis une épouse ennuyée qui se consolait du mariage dans les enchantemens de l'amour. — Alors, dit-elle en se contemplant toujours dans le fatal miroir, alors j'était belle, j'attendais l'amour; aujourd'hui... j'attends la mort. Malheureuse folle! et je me demandais si la vie ne me gardait plus rien! La vie n'est plus pour moi qu'un désert où je trouverai la mort pour oasis.

L'air était froid, et Mme de Fontenay, frissonnant sous une robe de mousseline à peine attachée à la ceinture, se sentit tout-à-coup défaillante et glacée; elle se leva et se traîna péniblement vers sa retraite. En entrant, elle jeta un regard de dégoût sur le pot au lait de la fermière, et se laissa tomber au bord du lit. La servante, en revenant le soir, fut si touchée de sa pâleur funèbre, si effrayée de ses yeux hagards, qu'elle voulut rester auprès d'elle jusqu'au lendemain. — Je vais mourir, dit avec calme Mme de Fontenay; j'ai fait vœu de mourir seule, retournez-vous-en, et dites que je suis morte, ou plutôt ne dites pas que je suis malade. Point de médecins qui retarderaient mon agonie de quelques heures : je me suis condamnée moi-même. Vous seule, revenez encore; quand vous me trouverez morte, faites une bonne prière pour moi, emportez ce testament que voilà sur la table, pour remettre au notaire d'Argilly; fermez ma porte à double tour, et enterrez la clef sous le seuil. Adieux; prenez cette bourse : elle renferme des jouets pour votre enfant.

La servante sortit en silence; sa première pensée était d'avertir la fermière du triste état de Mme de Fontenay; mais, après avoir réfléchi, elle aima mieux respecter la volonté de la mourante. Elle revint sur ses pas, s'assit sur le seuil, afin de pouvoir la secourir si elle l'entendait se plaindre.

La nuit se passa sans que Mme de Fontenay gémît; elle dormit un peu, et le reste du temps elle souffrit en silence, comme ces martyrs sublimes qui se détachaient de leurs corps à l'heure du sacrifice humain. La pauvre servante s'en retourna au matin, à demi-morte de froid. Vers le soir, la malade fut près de son agonie; comme son corps, son âme succombait à des faiblesses sans nombre : tantôt elle voulait fuir cette amère solitude où elle expiait les mauvaises joies de l'adultère; tantôt elle voulait gâter l'austérité de cette sépulcrale demeure par des frivolités mondaines : elle voulait des tentures et des tapisseries; elle voulait des fleurs et des parures, des livres et de la musique; enfin, des souvenirs de son bonheur passé. Mais elle se releva glorieusement de ces chutes : indignée d'elle-même, elle jeta dans les cendres un médaillon orné de diamens que, depuis ses beaux jours, elle gardait sur son cœur. Ce médaillon renfermait un portrait et des cheveux : en le jetant dans les cendres, elle accomplissait le dernier sacrifice.

V

Le lendemain, Mme de Fontenay n'avait plus qu'un souffle ; chaque instant la voyait mourir, elle était plus flétrie que la rose que le vent balaie, et pourtant, dans sa pâleur de morte, dans son dépérissement, dans son agonie, elle était belle encore, belle de cette beauté rêvée par les vieux peintres allemands : son âme resplendissait au travers de son corps comme une lumière divine au travers d'un nuage; son âme errait sur ses lèvres, dans ses yeux, autour de son front. Ses longues mains desséchées et diaphanes étaient souvent tendues, et alors son regard annonçait tant de sentimens divers, que la femme la plus savante n'aurait pu dire si ces blanches mains à demi-glacées demandaient le ciel et la terre, la mort ou la vie. Voulaient-elles saisir l'espérance funèbre d'une délaissée, ou le souvenir souriant d'une bien-aimée? Hormis ces aspirations inconnues, elles étaient pleines de calme et de sérénité; à la voir dans son lit austère, chastement vêtue de mousseline blanche, on se fût imaginé voir une vierge antique dormant au sépulcre et agitant son linceul pour la résurrection. Ses yeux égarés dans le tableau changeant du ciel qu'encadrait sa fenêtre, s'en détachaient quelquefois pour le spectacle des misères de sa solitude; quelquefois aussi son regard s'arrêtait sur les cendres de l'âtre, où gissait son dernier trésor, elle songeait qu'il serait doux de s'endormir du sommeil sans fin, avec ce portrait sur son pauvre cœur; et toujours elle se soulevait pour aller le reprendre, et toujours elle avait l'héroïsme de le laisser là.

Un heure avant le coucher du soleil, comme elle relisait d'un œil égaré les Pseaumes de la pénitence, elle jeta le livre loin d'elle avec un majestueux dédain; puis elle regarda à ses pieds comme si elle devait y voir tous les grands prophètes de Dieu. — Ah! si je voulais écrire des Pseaumes! dit-elle avec une ironie amère.

En disant ces mots, elle s'était agitée et soulevée, elle retomba lourdement et commença à s'endormir dans la mort : ses lèvres blanchirent, son front illuminé s'éteignit, ses paupières bleuâtres s'abaissèrent.

Tout-à-coup, miracle du ciel ou de la nature! elle se leva sur son séant toute ranimée par une étrange divination; puis elle s'enveloppa dans son linceul et courut à la fenêtre, et, l'ayant ouverte d'un main sûre, elle jeta un regard avide sur le revers de la montagne. — Oui! s'écria-t-elle toute délirante; et elle tendit ses bras amaigris avec tant d'élan qu'elle sembla prendre son vol.

En ce moment solennel, sur le revers de la montagne, à l'ombre d'un vieux buisson d'épines, un jeune homme, vêtu en chasseur, dessinait le sombre paysage du *Nid de Corbeaux*.

C'était Eugène Lefèvre. Un ennui douloureux l'avait chassé de Paris au temps du carnaval. Le souvenir de Mme de Fontenay était peu à peu revenu le charmer ; plus d'une fois il avait regretté les belles saisons passées avec elle, tantôt en poétiques promenades, tantôt au coin du feu ; il s'accusait de barbarie, il avait fini par écouter son cœur, plutôt que ses amis, et il tendait les bras avec un sentiment mêlé de tendresse et de compassion vers l'image si triste de son amante. — Ah ! disait-il souvent, que ne puis-je la revoir pour lui demander pardon à genoux, et pour l'embrasser encore une fois. Il la croyait au fond de la Bretagne, dans son pays et dans sa famille. En Tiérache, dans la solitude des champs, ses regrets avaient plus d'amertume ; c'était presque en vain qu'il cherchait des distractions dans la chasse et dans la peinture. Cependant son cœur commençait à se calmer ; encore quelques jours et l'oubli passait dessus ; encore quelques jours, et Paris le ressaisissait par ses mille coquetteries. Déjà il songeait au retour, et voulant emporter quelque chose de ses montagnes bien-aimées, il battait le pays avec l'ardeur d'un chasseur de gibier et de paysages. L'ermitage de Mme de Fontenay l'avait doucement ravi, et il s'était arrêté sur le versant de la montagne pour le dessiner sur son album.

Quand, par une grâce de Dieu, Mme de Fontenay repoussa la mort qui la touchait déjà, et courut se pencher à sa fenêtre, il levait son regard pour bien distinguer le caractère de la solitude. A l'apparition de cette ombre gémissante, il pâlit et chancela comme si la foudre l'eût éclairé; il s'élança dans la montagne, et en moins d'une minute il arriva à la porte du jardin où pleurait la servante de la ferme. Il passa sur cette fille sans la voir et se précipita comme un fou vers la maison. La porte résista, mais il la jeta hors de ses gonds avec une force surhumaine, et d'un bond franchissant le seuil.

— Caroline! Caroline! cria-t-il.

Un silence funèbre lui répondit. Il vit du premier regard Mme de Fontenay agenouillée devant la fenêtre, les bras levés sur la pierre, la tête inclinée sur l'épaule. Elle avait la suprême attitude de Madeleine repentante. Il s'arrêta surpris et craintif, son cœur battait à se briser, ses genoux fléchissaient, ses yeux se couvraient d'un voile. Il voulut parler, le nom de son amante mourut sur ses lèvres; il avança en silence et se jeta à ses pieds. — Pardonnez-moi! lui dit-il d'une voix pleine de larmes.

Il leva lentement la tête, et, voyant la pâleur de Mme de Fontenay : — Pardonnez-moi vos souffrances, reprit-il tout défaillant.

Le soleil s'était couché, l'ombre tombait dans la vallée, déjà la chambre devenait obscure. Eugène Lefèvre prit d'une main tremblante la main de Mme de Fontenay. En touchant cette main glacée, il tressaillit, il chancela, il fut abattu. — Morte! murmura-t-il.

Et tout d'un coup étreignant son amante sur son cœur. — Madame! pardonnez-moi votre mort.

VI

Tout égaré par la douleur et par l'amour, Eugène Lefèvre embrassa vingt fois le front terni de Mme de Fontènay, en murmurant de ces mots enchanteurs imaginés pour les anges et pour les femmes; il la caressa amoureusement de son triste regard, il la pressa des mains et des lèvres avec une tendresse évangélique, il l'appuya doucement et violemment sur son cœur éperdu : la mort était venue, l'âme revolait au ciel, il arrivait trop tard.

Il demeurait agenouillé sur la dalle ; comme au beau temps de sa vie, il soulevait avec amour cette amante adorée, dont les bras souples encore s'enchaînaient aux siens; il contemplait avec une douleur infinie cette pâle figure flétrie par les larmes. — O mon Dieu ! disait-il, que ne puis-je la ranimer ! Et, penchant encore la tête pour l'embrasser, il essayait encore de lui donner son âme.

— Pauvre femme, reprit-il en voyant les traces de sa douleur. Je l'ai tuée lentement; j'ai été plus méchant qu'un tigre, plus barbare qu'un sauvage. Je l'ai chassée de mon cœur et du monde, je lui ai donné la douleur pour compagne, et la douleur l'a dévorée ; j'ai lâchement lancé dans l'arène une bête féroce contre une femme. O mon Dieu ! faites-moi mourir mille fois ! faites-moi souffrir tous vos châtimens !

Il déposa Mme de Fontenay sur le lit, doucement, pour ne pas briser ce corps diaphane, avec le soin d'un amant qui craint d'éveiller sa maîtresse. Puis, d'un pas rapide, il fit plusieurs fois le tour de la chambre, jetant des plaintes lamentables, interrogeant d'un œil sec les meubles et les murs légèrement assombris par les teintes du soir. — Voilà donc le désert qu'elle a choisi pour pleurer ! Mon Dieu, qu'elle a souffert ici — toute seule !

Il se rapprocha du lit, s'inclina avec respect et contempla encore les traits altérés de son amante. Du premier regard, il crut voir que Mme de Fontenay était morte dans la joie : un demi-sourire errait encore sur sa bouche pâlie. Mais en regardant mieux, il crut reconnaître le sourire de la victime. Cependant Mme de Fontenay, s'élançant de sa couche funèbre pour revoir son amant, n'avait-elle pas eu un dernier éclat de joie? Oui, mais, avant de mourir, l'infortunée s'était sans doute ressouvenue que cet amant l'avait chassée !

Dans le délire de sa peine, Eugène Lefèvre se laissa tomber sur Mme de Fontenay; et l'étreignant une dernière fois dans ses bras affaiblis avec un air farouche et lugubre, comme s'il eût étreint la mort, il pria Dieu de ne plus le relever. Le lendemain, les premiers rayons du soleil le surprirent pâle, morne, gémissant, étendu auprès de sa blanche maîtresse, n'ayant plus que le vœu et l'espérance de mourir sur ce lit de douleur; mais avant le coucher du soleil, il s'était ranimé : *il se résignait à vivre pour la pleurer*. Il y eut pourtant à Argilly un homme qui pleura plus long-temps.

Par son testament, Mme de Fontenay voulait que son corps demeurât à jamais dans l'ermitage, afin que l'ermitage tombât en ruines sur ses ossemens blanchis. Eugène Lefèvre a accompli avec religion le dernier vœu de la Délaissée : grâce à sa sollicitude, Mme de Fontenay n'est point sortie de la tombe qu'elle s'est choisie. Elle y repose à cette heure dans un linceul qu'elle a *lavé de ses larmes*. Sa tête seule est découverte ; les jours de soleil, Dieu l'éclaire encore de divins rayons. Sa main droite soutient son front qui penche ; sa main gauche est appuyée sur son cœur.

Le surlendemain de sa mort, l'église d'Argilly lui a rendu les honneurs de la sépulture chrétienne, au grand scandale du pays;

le prêtre et les desservans ont été célébrer la messe des morts devant cette tombe étrange dont Dieu seul tient la clef. Le jeune curé, après avoir arrosé d'eau bénite le toit et la façade, a jeté sur la porte une pelletée de terre.

★

LA FENÊTRE
DE MADAME DE FONTENAY.

Elégie d'Eugène Lefèvre. *

Que j'aimais à te voir penchée à la fenêtre,
Me regardant venir, sachant me reconnaître
Entre mille passans ! De nos chiens aux aguets
J'entendais de bien loin les jappemens plus gais,
Mais j'entendais surtout en mon âme charmée,
Battre ton pauvre cœur, ô pâle bien aimée !

*Dans ses regrets amoureux, Eugène Lefèvre devint çà et là, comme par distraction, un charmant poëte élégiaque ; à la suite de cette triste histoire, l'éditeur a recueilli cette élégie.

Et malgré tout l'attrait, j'allais plus lentement,
Caressant à loisir les songes du moment.
Cependant les beaux chiens que la gaieté transporte,
Par leurs cris supplians se font ouvrir la porte;
Ils me viennent surprendre, ils me lèchent la main.
Et retournant vers toi, m'indiquent le chemin.
J'arrivais tout ému; toi toute chancelante,
Tu venais sur le seuil, ô ma belle indolente!
Te plaindre du retard, mais après un baiser
Tout était dit. Et puis nous allions arroser
Nos fleurs dans les vieux pots : la fragile anémône,
La blanche marguerite; ou nous faisons l'aumône
Au morne joueur d'orgue, au vieillard gémissant,
Au petit Auvergnat qui chantait en dansant.
Sur toi je m'appuyais avec plus de tendresse
Et de tes beaux cheveux je faisais une tresse ;
Aimable enfantillage où s'amusait mon cœur !
Tes yeux me regardant se baignaient de langueur,
Et moi croyant baiser et cueillir une rose,
Je respirais ton âme à ta lèvre mi-close.

Ces temps-là passent vite, hélas ! tout est fini !
Les ramiers pour jamais s'envolent dans leur nid :
Ainsi font mes amours. Ils ont pris leur volée,

Ils ne reviendront pas. Mon âme désolée
N'est plus qu'un nid désert qu'emportera le vent,
Un nid où la chouette ira pleurer souvent !

Et pourtant ce matin en voyant la fenêtre,
Je croyais qu'un printemps encore allait renaître ;
Mon corps a chancelé, mon cœur a tressailli,
Des rayons du beau temps j'étais tout assailli :
Mensonge ! Illusion ! Chimère qui voltige,
Et nous jette en tombant l'ivresse et le vertige ;
Eclair sans feu qui brille un instant dans la nuit,
Le printemps de mon cœur est à jamais détruit !

Ce matin donc, j'ai vu la fenêtre fermée :
Plus de chiens ! plus de fleurs ! et vous ma bien-aimée ?
Dans une solitude au loin vous vous cachez,
Cher ange ! Et vous pleurez sur nos charmans péchés !

II

HISTOIRE

DE

MADAME DE FLEURY.

HISTOIRE
DE
MADAME DE FLEURY.

Racontée à madame d'O....

Rien de plus simple que cette histoire, Madame, et je vais vous la raconter le plus simplement du monde. Mon imagination n'y sera pour rien. A quoi bon cette folle du logis, quand le souvenir est là, palpitant encore? et à quoi bon faire parler la tête quand le cœur parle tout seul? J'écoute mon cœur et j'écris.

Un poëte persan, qui ne s'attendait guère à venir sous ma plume, a dit : « Garde-toi bien de saisir ta chimère! » Cela pourrait me servir d'épigraphe ; mais, grâce au ciel, je ne veux pas d'épigraphe ; Dieu me garde de jamais rien prouver. — Qu'est-ce que prouve la vie?

Clotilde de Fleury a vu à peine les splendeurs et les misères des fêtes du monde. Son enfance s'est passée dans le silence aimable et dans la solitude austère d'un vieux château, le château récrépi du comte de Beaufort, son aïeul. Elle n'a eu que sa mère pour toute compagne de ses jeux et de ses folâtres rêveries. Elle a joué seule. Je la vois encore bondir dans les prés, chasser les blancs papillons et les brunes demoiselles, gravir les roches les plus escarpées, se perdre dans les blés et jeter les bluets au vent. Alors, en la voyant blanche et rose comme une fleur d'amandier, en voyant sa blonde chevelure et ses yeux bleus, ses pieds mignons qui voltigeaient sur la terre, sa jolie main qui se fût cachée dans le calice d'une rose, je me croyais dans le monde des fées. Hélas! aujourd'hui je ne crois plus à ce beau monde-là, ou plutôt je ne crois plus qu'aux mauvaises fées.

Mais pourquoi vous raconter l'enfance, pourquoi ce prologue ennuyeux à une histoire qui n'est pas amusante? Pardonnez-moi, Madame; en vous écrivant, je crains d'avoir trop tôt fini; car je suis presque avec vous, et j'évoque le doux fantôme de Clotilde!

Clotilde, qui n'avait point à son gré les magies de l'Opéra, assistait sans cesse à des spectacles plus beaux. Tantôt c'étaient les mille métamorphoses des nues, les colères superbes de l'orage, les mélancolies du soleil couchant ; tantôt c'était le mystère du bocage où les oiseaux chantaient comme ses espérances, où les feuilles s'agitaient comme ses rêveries. Ces grands spectacles de la nature, comme disaient les philosophes du dix-huitième siècle, préparent de riches moissons dans le cœur. Les spectacles des hommes ne produisent rien qui vaille.

L'étude survint au milieu des jeux, les livres au milieu des hochets. *Le plus hochet des deux n'est pas celui qu'on pense.* Ce fut avec sa mère que Clotilde pénétra dans ce bois tout hérissé d'épines qui s'appelle la Science — j'ai failli dire l'Erreur. Il lui fallut bien goûter de cette seconde vie qui émousse la première ; elle apprit quelques vérités inutiles, beaucoup de mensonges pour des vérités, si bien qu'elle désapprit bientôt ce que Dieu lui avait révélé de la vie. Mais heureusement sa belle nature l'emporta; dès sa quinzième année elle rejeta les livres avec les hochets; elle coucha sa grammaire avec ses poupées, sa géographie avec ses volans, son histoire de France avec son polichinelle; elle se laissa vivre avec nonchalance, elle suivit le sentier le plus doux, se détournant comme les abeilles pour s'enivrera aux bouques du vallon.

La poésie était venue dans l'âme préparer un gîte à l'amour; l'amour s'annonça bientôt par son rayonnant cortége : l'espérance aveugle, la chimère agaçante, les désirs infinis qui voltigent en chantant. Ce fut un soir d'avril, au coucher du soleil, que l'amour frappa au cœur de Clotilde. L'horison se noyait dans un flot de nuages rouges, le fond de la vallée brunissait déjà. Clotilde se promenait dans le verger du château, qui ressemblait assez à un parc; elle se promenait, enivrée par les parfums ardens de l'herbe et du feuillage, allanguie par les mystérieuses voluptés de la jeune nature, abattue par les mourantes complaintes d'un rossignol. Le verger du château de Beauford s'étend jusqu'au bas de la petite Margot, où passe la route d'Amiens; Clotilde reposait son regard sur les grands ormes de la route, quand tout à coup un jeune cavalier qui voyait sa blanche robe parmi les branches vertes du verger, s'inclina avec amour et fit un gracieux signe de main. Et au même instant son ombre baisa les pieds de Clotilde. Clotilde vit le salut et le signe de main; elle tressaillit de joie et s'enfonça sous les arbres pour cacher sa rougeur. Il faut bien vous le dire, Madame, tout en se cachant sous les arbres comme Ève, notre grand'mère, après son premier péché, elle eut bien soin de ne pas perdre de vue le galant cavalier. Il était de l'autre côté de la montagne, qu'elle croyait le voir encore. Ainsi, j'imagine que, tout en se cachant, Ève regardait un peu Adam. Enfin, quand elle fut bien sûre qu'il était parti, elle rappela cette image confuse et la promena en tremblant sous les plus sombres allées, tantôt la fuyant avec crainte, tantôt la saisissant avec délice. Elle rentra au château, toute languissante et tout attristée. Dans la soirée, à chaque regard de sa mère, elle rougissait, elle pâlissait, elle fermait les yeux pour ne plus voir l'image adorée; mais elle avait beau fermer les yeux !

Depuis ce beau soir, ses rêves, qui voltigeaient à tort et à travers comme les papillons, suivirent par volées le même chemin, le chemin de l'amour ; depuis ce beau soir, elle attisa sans cesse de ses mains virginales le feu le plus pur qui ait brûlé sur la terre.

Tout s'efface, tout s'éteint : l'image s'effaça, le feu s'éteignit; l'oubli même passa dans le cœur de Clotilde. L'ai-je aimé? se demanda-t-elle un soir. Et elle s'endormit avec insouciance. Le lendemain, sa mère lui apprit qu'elle avait tantôt dix-sept ans, et que le temps de la marier était venu. La curiosité décida Clotilde. — D'ailleurs, lui disait sa mère, le mariage est une chaîne d'or qu'une honnête femme traîne avec délice. — Mais si j'allais ne plus aimer! se dit-elle avec effroi. Ah ! si c'était lui, mon cœur se rallumerait bien vite !

Or, c'était bien lui qui demandait sa main. Il se nommait Ernest de Fleury; il se disait vicomte par la grâce de Louis XIII, mais il n'en croyait rien, ni moi non plus. C'était tout simplement un homme d'esprit, possédant quelque douze mille francs de revenu. Il était un peu trop esclave de la mode; voilà à peu près son seul défaut. Pour certaines femmes, il en avait un autre plus grave : il boitait comme lord Byron. Depuis son retour de Paris, où il avait étudié, il habitait un petit bourg au voisinage d'Amiens, à cinq lieues du château de Beaufort. Clotilde l'avait vu dans la montagne Margot comme par miracle ; il n'était passé là qu'une seule fois à cheval, en allant voir un vieil oncle, curé de Favières. Il prodiguait son temps à chasser, à lire, à aimer le ciel, les bois et un peu les petites couturières de son pays. Ce n'était pas trop perdre son temps. L'apparition de Clotilde dans le prosaïque verger du château lui avai laissé un charmant souvenir, mais un souvenir poétique plutôt qu'un souvenir d'amant ; et cependant la première fois qu'il songea à se marier, Clotilde passa sous ses yeux amoureuse, rayonnante, adorable. Comme son vieil oncle de Favières se trouvait alors à la campagne de son père, il apprit ce qu'il voulait apprendre à propos de Clotilde. Quand il sut qu'elle était belle comme il l'avait rêvée, qu'elle avait, suivant l'expression du vieux curé, la candeur des archanges, la grâce des femmes, et par dessus le marché, une belle ferme de Picardie, il s'empressa de réparer le temps perdu, il se mit à l'aimer de tout son cœur et de tout son esprit. Quelques jours après, il se présenta au château avec son vieil oncle, sous le prétexte de voir des dahlias. L'oncle admira les dahlias de bonne foi ; Ernest eût admiré Clotilde de fort bonne foi, mais Clotilde n'était pas là ; il fut charmant avec la mère. Avant de partir, le vieil oncle avertit madame de Beaufort que M. Ernest de Fleury voulait épouser sa fille, et voilà pourquoi madame de Beaufort, qui trouvait le suppliant fort à son gré, avait dit à sa fille qu'il était temps de se marier.

En vérité, mon histoire n'en finit pas ; je vois déjà l'ennui qui vous prend ; vous regrettez d'avoir commencé : de grâce, Madame, un peu de patience ; nous sommes dans le beau temps. Est-ce ma faute si le bonheur est une page ennuyeuse à lire?

Quand Clotilde revit Ernest, l'amour, qui fait jaillir des étincelles des cendres froides, ranima le feu plus ardemment que jamais. Je ne vous dirai pas leurs extases et leur ravissement, non plus que toutes les joies de leur mariage, qui ne se fit pas long-temps attendre ; il fut célébré à la fin de l'automne, le jour de votre fête, Madame. (Pour aller plus vite je vous épargne un madrigal.) Vous avez doucement passé par là ; vous savez les joies craintives de l'attente, les joies religieuses de l'église, les joies éperdues du bal, les joies... Mais vous savez tout cela; je vous dirai seulement que le mariage n'éteignit point l'amour, les deux flambeaux brûlèrent le mieux du monde.

Neuf mois après, ni plus ni moins, Clotilde, ou plutôt madame de Fleury, mit au jour un enfant qui rappela sa grâce et sa mignardise d'autrefois. C'était un joli amour, un ange qui avait oublié ses ailes au ciel, comme disent les romans. Pour sa mère, son premier pas dans la vie fut un désespoir sans fin; il semblait tendre une de ses petites mains à la vie, tandis que la mort le retenait de l'autre. La pauvre femme n'avait plus de repos; toute la nuit elle veillait, elle priait, elle pleurait au berceau de cet enfant qui allait vivre ou qui allait mourir : on eût dit qu'elle se dépêchât de l'aimer.

C'était un déchirant et sublime spectacle de la voir ainsi égarée par la douleur, agenouillée devant un berceau, les mains tendues sur son enfant comme pour le défendre de la mort!

La vie triompha; la joie évanouie revint au cœur de Clotilde, mais la joie affaiblie; non plus la joie radieuse de l'amante, mais la joie voilée de l'épouse et de la mère qui pressent sans cesse le danger. Hélas! cette joie émoussée, déjà pleine de ce nuage qu'on nomme mélancolie, s'envola bientôt à jamais avec l'âme d'Ernest : M. de Fleury mourut la seconde année du mariage. Je n'en sais trop la cause : on a dit que ç'avait été à la suite d'une chute de cheval, on a accusé en même temps son amour de la chasse, les froides rosées du matin; les pluies de novembre, le soleil des grands jours. Clotilde n'en a rien dit, mais elle a pleuré, mais elle est morte de douleur. — Que lui demander de plus ?

Vous trouverez, Madame, la fin de cette histoire dans les lettres suivantes que j'ai écrites, il y a deux ans, à madame de L..., mais que j'ai gardées sur mon cœur.

21 mai 183...

Madame,

C'est toujours un triste tableau que la vue de madame de Fleury; la douleur l'a ravagée : ses joues ne refleuriront pas, ses lèvres sont pâles comme si la mort lui eût donné le baiser glacial. La pauvre femme en est à regretter d'avoir sauvé son enfant l'an passé, car son enfant seul la retient sur la terre. Elle n'a plus un seul sentiment à elle, si ce n'est le sentiment de son malheur; elle n'espère plus et ne rêve plus pour elle, elle a les rêves et les espérances de cet enfant. Hier, je l'ai vue au cimetière, pâle, flétrie, brisée; je l'ai vue priant ou plutôt pleurant sur la pierre tumulaire de M. de Fleury; à ses pieds, son enfant pleurait en la voyant pleurer. Une douleur infinie m'a traversé le cœur à ce désolant et solennel spectacle.

Vous vous souvenez que cette pauvre Clotilde avait aimé M. de Fleury en le voyant passer en galant cavalier sur la route d'Amiens : eh bien, tous les soirs elle s'en va seule, toute seule dans le verger, comme une ombre attirée par un cher souvenir; et, les regards errans sur les grands ormes, elle se perd dans l'abîme du passé, elle évoque tous les souvenirs de cet amour enchanteur qui rayonna sur sa jeunesse. Croiriez-vous qu'elle n'a point désespéré de revoir son amant sous les grands ormes? Plus d'une fois, le soir, quand la brune jette un voile à toutes choses, grâce à la magie de l'espérance et surtout du souvenir, la pauvre aveugle entrevoit dans l'ombre un cheval gris, un cavalier qui s'incline, et elle tend la main, et elle éclate en sanglots.

29 mai.

Suis-je coupable? Ai-je fait une bonne œuvre? dites-le-moi, Madame; moi, je n'en sais rien, je suis devenu fou.

Voilà ce que j'ai fait : ce soir, madame de Fleury était dans le verger comme de coutume; malgré moi, je me suis élancé sur le cheval d'Ernest, et, sans y penser, — sans m'avouer que j'y pensais, — je suis allé tout droit à la montagne Margot. La nature sommeillait déjà, j'entendais au loin la vieille chanson du pâtre et la clochette des troupeaux. Avant d'arriver sous les ormes, le chemin creuse dans le roc, et ce roc vous masque si bien, que Clotilde m'a vu apparaître tout d'un coup. Je me suis incliné vers elle en lui tendant la main. L'illusion fut grande pour cette âme troublée : madame de Fleury m'a ouvert ses bras en poussant un cri ; — puis je l'ai vue tomber sur l'herbe du verger.

Insensé ! ai-je fait cela parce que j'aime Clotilde ?

30 mai.

Madame de Fleury est malade depuis ce soir-là ; la femme du jardinier, accourue au cri qu'elle a jeté en tombant, l'a relevée mourante ; on l'a transportée dans sa chambre, on a appelé le médecin de Favières, qui passait dans Beaufort comme par miracle. Je ne sais si celui-là est, comme tant d'autres, un oiseau de mauvais augure, mais il a déclaré à la pauvre mère qu Clotilde était entre la vie et la mort, je répète ses paroles. Ce matin, à mon arrivée au château, elle semblait délivrée du mal; le beau soleil l'avait appelée à la fenêtre, d'où elle regardait avec amertume les ardeurs et les joies de la nature. En m'approchant de madame de Fleury, j'étais tremblant comme une feuille. Elle m'a dit avec toute sa candeur qu'elle avait ressenti une joie inespérée en me voyant sous les arbres du grand chemin ; c'est la seule qu'elle ait eue depuis long-temps. Quoiqu'elle fût plus pâle encore que de coutume, soit par souvenir, soit par espérance peut-être, sa bouche était

animée d'un sourire, Dieu sait quel sourire !
Moi, voyant ce sourire, je me suis perdu
dans les célestes ravissemens, j'ai parlé à
tort et à travers ; — voyez, Madame,
comme j'étais loin de la vérité, je suis allé
jusqu'à faire des sermons à Clotilde. —
Hélas ! je prends le ciel à témoin que je parlais sans savoir ce que je disais. Ainsi, je
disais à cette pauvre veuve inconsolable,
qu'il y a plus de nonchalance que de sensibilité dans la douleur sans fin ; que la volupté des larmes déplaît au Seigneur, et que
c'est une lâcheté de se laisser abattre par
le chagrin. Que ne lui disais-je pas, mon
Dieu ! Je lui ai même parlé d'espérance, j'ai
osé lui rappeler les beaux vers du poëte sur
les trois printemps du cœur ; j'ai fini par
avancer que ce n'est plus aimer Dieu que de
ne plus aimer la vie. Madame de Fleury
avait écouté dans un silence éloquent ; à ces

derniers mots, son doux sourire s'est effacé, elle a saisi la main de son enfant qui jouait à ses pieds, et elle m'a dit avec douceur : — Voilà ma vie, croyez-vous donc que je ne l'aime pas ? Et tout en parlant ainsi ses yeux versèrent un flot d'amour sur cet enfant. — Ah ! reprit-elle, ma première vie est morte à jamais, je n'en suis plus que le souvenir ou plutôt l'ombre. Le médecin survint alors, et je me levai pour sortir; elle me suivit jusqu'à la porte et murmura, en voyant le ciel par la fenêtre du salon voisin : Le beau temps qu'il va faire ce soir ! Ces paroles me sont vingt fois revenues en la mémoire, ou plutôt ces paroles ont sans cesse retenti dans mon cœur. Et pourtant à l'heure qu'il est je n'en puis encore deviner le sens; — ont-elles un sens, d'ailleurs ? Est-ce une simple exclamation partie à la vue d'un ciel pur? est-ce le désir aveugle de ressaisir une fatale illusion? Or, le soir, comme l'a dit madame de Fleury, il a fait le plus beau temps du monde. Je ne sais pourquoi, mais, au coucher du soleil, à l'heure solennelle où Clotilde poursuit l'image d'Ernest, je me suis retrouvé sur le cheval gris, sous le noir feuillage des ormes de la route. J'allais nonchalamment sans savoir où, l'esprit transporté dans le ciel des beaux rêves, quant tout à coup j'ai revu, dans le verger solitaire, la pauvre veuve désolée, qui me suivait des yeux avec anxiété. Elle était vêtue d'une robe blanche, cette robe aimée qu'Ernest a vue autrefois au travers des branches vertes. Comme l'autre soir, je me suis incliné vers elle, et comme l'autre soir elle m'a tendu les bras avec égarement. J'étais si éperdu, Madame, que je ne savais plus si c'était à lui ou à moi qu'elle tendait ainsi les bras.

En retournant au château, j'ai vu madame de Fleury accoudée sur une des fenêtres de la grande salle. Grâce à la lune, la nuit venait lentement, et Clotilde semblait en savourer les approches comme elle eût fait des approches de la mort. Elle a saisi l'instant où je parlais à sa mère pour s'éloigner de moi. Pourquoi s'est-elle éloignée ? Hélas ! elle aime à me voir, mais non pas de si près ! De loin, je suis l'image du passé ; de près, je ne suis rien.

3 juin.

Je me suis promené cette après-midi avec elle dans le jardin du château. Encore une fois, sa jeunesse a triomphé de la mort ! Cependant elle est affaiblie pour long-temps, et elle s'est appuyée sur mon bras avec l'abandon d'une sœur. Chaque fois que nous passions devant la petite porte du verger, elle pâlissait et elle chancelait ; ses regards s'envolaient je ne sais où, mais bien loin du monde! Les grands ormes de la montagne lançaient leurs ombres tremblantes jusqu'à nos pieds... Elle m'a confié d'une voix mourante que la vue de ces ombres ranimait souvent, comme par miracle, ses belles flammes éteintes, ses belles fleurs flétries. En voyant ces diverses formes s'agiter sous ses yeux, elle s'imagine voir l'ombre d'Ernest fuyant au loin, comme d'autres voient des images aimées dans les métamorphoses des nues. Elle m'a reparlé de ses joies d'épouse et de ses peines de veuve. Pour cette pauvre femme, la chaîne du mariage ne se brise point à la mort. « Ainsi, m'a-t-elle dit, n'ai-je pas juré à Ernest un culte éternel ? » Et j'ai murmuré bien bas : « Vous l'avez aimé durant sa vie, c'est tout ce qu'il demandait. — Je veux l'aimer durant ma vie. Ne pensez-vous pas, comme moi, que l'oubli soit bien amer aux morts? Mon amour ne s'arrête pas au cercueil : il va jusqu'au cimetière. » Insensé, me suis-je dit en retournant à Amiens, ferme ton cœur! N'espère plus!...

Je ne sais que devenir, Madame... Où fuir cette adorable image, qui me suivra partout?... Dans quelques jours, j'irai dire adieu à madame de Fleury. Adieu!... ce mot-là m'effraie... Chaque fois que j'ai dit adieu, j'ai vu un linceul!

17 juin.

Madame de Fleury est à son lit de mort... Hier, j'étais allé au château pour lui dire adieu : car je voulais enfin partir. Hélas !

c'est elle qui s'en va! Mourir si jeune! si belle!... Elle ne mourra point pour moi... Est-ce qu'Ernest était mort pour elle?... Mais Ernest l'avait aimée...

Elle a souri en me voyant; mais soudain elle a détourné les yeux, et, durant plus d'une demi-heure, elle n'a pas cessé de contempler son enfant, ce doux portrait qui la touche de si près! Le médecin a paru bien surpris de la voir ainsi changée en un seul jour, car elle n'est retombée qu'avant-hier: il ne peut deviner le mal qui la ravage si vite. Tout le château était en émoi à mon arrivée, et je ne me suis pas trouvé seul avec elle.

Elle est vêtue de blanc. Pour la dernière fois, peut-être, on a tressé sa belle chevelure, que j'ai admirée à travers un voile de blonde. On la fait belle pour la mort... Les femmes sont toujours belles pour les derniers venus. Ah! que j'ai encore contemplé avec religion cette pure image qui souriait au soleil, aux fleurs, aux oiseaux, mais surtout aux souvenirs, mais surtout aux espérances du ciel, où est M. de Fleury!

J'ai passé la nuit au château. Je n'ai pas revu la malade. J'attends avec angoisse. Le médecin, que j'ai rencontré tout à l'heure sur le perron, m'a dit qu'il espérait encore. Qu'ai-je à espérer, moi? O Clotilde! pardonnez-moi ce blasphème! Vivez et ne m'aimez pas... Je ne me plaindrai jamais.

18 juin.

Tout est fini, Madame! tout est fini!..... Elle est retournée au ciel, d'où elle était venue!... Clotilde est morte ce soir, morte en me laissant dans l'âme un parfum dont j'aime l'amertume. Mais aurai-je la force de vous dire comment elle est morte ? En aurai-je le courage dans ce château morne et désolé, où il y a une mère qui pleure, un enfant qui sanglote ?—pauvre enfant, qui sait déjà pleurer !—dans ce château qui a été le château de ses rêves, et où on lui prépare un linceul ! J'essaie d'écrire pour calmer mon cœur.

Des fenêtres de la chambre de Clotilde on découvre la petite montagne Margot, à travers le clair feuillage de quelques jeunes peupliers. Je pressentais que ce soir elle passerait, selon sa coutume, une heure à contempler les grands ormes, et j'ai voulu, encore une fois, lui rappeler l'image du bonheur ; j'ai voulu lui rendre cette illusion qui me fait tant de mal, mais qui lui fait tant de bien ! Je suis retourné dans la montagne, et, dès que je me suis retrouvé sous

les ormes, j'ai jeté un regard avide sur les
fenêtres de madame de Fleury. Les fenêtres
étaient désertes... La malade, la mourante,
s'était traînée dans le verger. Elle avait saisi
le moment où sa mère sommeillait au pied
du lit, et, s'appuyant sur son amour, elle
était parvenue jusque sous ses chers pommiers. Aussitôt que je l'entrevis dans le
verger, ma tête s'inclina avec vénération, et
ma main fut tendue avec amour. Cette fois,
l'illusion fut plus grande que jamais... Elle
ne se contenta pas de m'ouvrir ses bras :
elle accourut vers moi avec des cris de joie
et de douleur. Je me suis troublé comme
elle; j'ai oublié que je n'étais, que je ne
devais être que le fantôme de son amour...
Je me suis jeté à bas du cheval, je me suis
précipité dans la montagne, j'ai franchi la
haie et le ruisseau du verger. La pauvre
femme, toujours égarée, a fermé sur moi

ses bras, si long-temps, si vainement ouverts! « C'est toi! » m'a-t-elle dit d'une voix éclatante en appuyant sa tête sur mon cœur.

Et moi, tout éperdu, tout palpitant, je la pressais dans mes bras avec la tendresse des anges; je la regardais, je regardais le ciel : je me croyais dans l'autre vie.

Hélas! tout à coup elle a levé les yeux sur moi : « Ce n'est pas lui! » s'est-elle écriée. Elle m'a repoussé avec frayeur et avec colère. Je restai cloué sur le sol, les bras ouverts, le cœur en démence, les yeux hagards. Elle voulut s'en aller : elle chancela et tomba à la renverse. Je me laissai tomber à ses pieds, et par instinct j'essayai de la secourir; mais elle me repoussa encore en murmurant d'une voix étouffée : « Ce n'est pas lui! » Et, à peine eut-elle répété ces mots, qu'elle mourut, tout en se débattant, afin que je ne pusse la secourir.

« *Ce n'était pas lui!..* » Elle s'en est allée le chercher ailleurs.

III

CHLOÉ.

CHLOÉ.

L'abbé de Bernis vint très jeune à Paris. Confiant dans son étoile, souriant à tout venant afin de ne rencontrer que des sourires. C'était un garçon de belle allure et de bonne façon ; l'œil agaçant, la bouche animée, le cœur sur ses gardes, l'esprit sur les lèvres.

La nature l'avait fait à l'image d'Hercule, ni plus ni moins; ici le style n'était pas l'homme. Ne vous étonnez pas trop que ce garçon-là, si bien fait de corps et d'esprit, soit devenu au dix-huitième siècle ministre, cardinal, presque roi de France; en admettant la dynastie de Madame de Pompadour, on deviendrait tout cela à moins. Il passa un hiver à Saint-Sulpice, mais comme Boufflers un peu plus tard, loin de chanter les divins cantiques, il s'avisait déjà de gazouiller sur Thémire ou Clymène. Au bout de l'hiver, il fut nommé vicaire d'un petit bourg de son pays. « Vicaire! la belle affaire, s'écria-t-il; je ne veux pas me déranger pour si peu. » Bientôt il fut nommé abbé de Bernis, mais sans vouloir faire un pas de plus. Il demeura donc à Paris, sans argent, mais sans soucis, plein de confiance en son étoile. Cette étoile, qui fut des meilleures, lui apparut pour la première fois sous la forme allègre et souriante d'une marchande de modes. Il y avait dans la rue de la Comédie, côte à côte, deux boutiques agaçantes pour les jeunes gens comme Bernis qui cherchaient la poésie et l'amour, une boutique de livres et une boutique de modes. Notre petit abbé passait souvent devant ces boutiques-là, et point n'est besoin de vous dire qu'il aimait mieux avoir à faire à la marchande qu'au libraire. Celui-ci avait à son service les poésies du profane abbé de Chaulieu, les contes du gai Lafontaine, les satyres du joyeux Régnier; mais celle-là n'avait-elle pas des petites joues pleines de roses, des yeux bien éveillés par l'amour et une bouche pleine de perles et de sourires. En vérité, tout cela vaut mieux que le plus beau livre du monde, car tout cela est le sommaire de ce poème du cœur que Dieu écrit en lettres d'or. Bernis, qui était déjà un garçon d'esprit, n'eut garde d'entrer chez le libraire.

La marchande ne vit pas sans émoi le culte de notre languissant abbé ; elle y prit plaisir ; à la douzième œillade elle sourit ; après avoir souri elle soupira, enfin tout alla à merveille. Bernis lui écrivit une épître dans le goût du temps : « Ah ! cruelle Célise, qu'as-tu fait de mon cœur ? » La cruelle Célise, qui s'appelait Chloé, répondit sans bégayer : « Venez demain dans l'après-midi, nous verrons cela ; mais ne me regardez pas à la fenêtre, vous m'empêchez de voir clair à ce que je fais, voilà pourquoi je ne fais plus rien de bien. »

Ces amours-là durèrent toute une belle saison. C'étaient des amoureux de bonne mine et de bon cœur. Quand on est jeune et beau, disait Bernis, on ne fait avec l'amour

qu'un péché véniel. Il roucoulait dans l'arrière-boutique, ne confiant au dehors ni ses vers, ni sa bonne fortune. Mais la marchande était si fière de son poste qu'elle l'affichait partout. Un soir qu'elle le conduisit à la comédie, elle rencontra madame Lenormand d'Étioles qu'elle avait l'honneur de coiffer. Le lendemain elle fut appelée par cette femme déjà célèbre par sa beauté.
« Voulez-vous me faire un chapeau, Chloé? Je vous ai vue hier avec un beau garçon, c'est votre cousin ? — Non, Madame, c'est mon amant. — J'ai imaginé un bonnet précieux qui sera joli au possible. Ah! c'est votre amant? En vérité! Et que fait-il de bon? — Pas grand chose, Madame, il fait des vers. — Un faiseur de vers! C'est amusant. N'oubliez pas mon bonnet. Dites donc à votre poète qu'il vienne me voir. — C'est trop d'honneur, Madame. »

Bernis alla voir et revoir madame Lenormand, qui l'accueillit avec toutes les grâces du monde. La pauvre marchande de modes n'eut bientôt plus qu'à se mordre les lèvres, les lèvres si agaçantes que le volage avait animées ! Elle eut beau faire et beau dire, elle fut délaissée. Elle se maria bientôt par dépit ; elle n'en fut pas plus heureuse ni son mari non plus.

Pour madame Lenormand, elle avait surnommé Bernis son pigeon patu, c'était tout ce qu'il voulait alors, c'était beaucoup. Peu de temps après Voltaire le surnomma Babet la bouquetière, d'abord à cause des fleurs en bouquets de sa muse, ensuite à cause de la ressemblance qu'il avait avec une grosse bouquetière de ce nom qui offrait son jardin voyageur à la porte de l'Opéra. Délivré de la marchande de modes, Bernis n'en était pas plus riche, mais il riait gaiement de sa misère en donneur d'esprit qui pressent déjà la fortune. Il habitait toujours la petite mansarde que la marchande de mode avait embellie de ses beaux yeux. Le soleil y revenait le matin lui jeter un rayon d'espérance; que faut-il de plus à un poète qui cotoie encore la verdoyante avenue de la jeunesse. Et puis, quand le soleil était parti, il survenait quelquefois, non plus par la fenêtre, mais par le sombre escalier, quelque beauté compatissante qui avait bien aussi ses rayonnemens, séduite, disait-elle, par les agrémens de l'esprit de notre abbé; séduite, disait-il, par les agrémens de ma figure. Il faisait à merveille les honneurs de son logis. Avec de l'esprit et du cœur, on se tire toujours d'affaire.

Notre abbé ambitieux ne s'en tint pas à l'amour pour faire son chemin; il agaça la poésie, qui fit pour lui comme avait fait la marchande de modes. Il présenta sa muse à madame la princesse de Rohan, qui était bien quelque peu sa cousine. La princesse qui cherchait à se distraire, s'attacha l'abbé et sa muse de diverses façons. Il fut dans l'hôtel de Rohan tout ce qu'il voulut être. Cet hôtel était alors le rendez-vous des hommes d'esprit et des femmes aimables; notre abbé fut bien venu de tous : tous les cœurs et toutes les portes s'ouvrirent devant lui. On raffolait de Bernard, on raffola de Bernis; Voltaire, qui caressait la jeunesse, écrivait en vers à tous les deux; Duclos parlait de leur esprit; Helvétius leur donnait à souper; les femmes faisaient le reste.

Bernis ne fut mal venu que du cardinal de Fleury. Il voulait une abbaye pour complaire à la princesse de Rohan, qui était accusée de trop faire pour lui. Le cardinal fut sourd à la supplique : — Monsieur l'abbé de Bernis, vous êtes indigne, par vos débauches, des faveurs de l'Église ; tant que je serai en place, vous n'obtiendrez rien. — Eh bien, Monseigneur, j'attendrai.

Cette repartie fut un événement ; elle fut répétée et applaudie partout jusque devant le roi. Chacun la raconta à sa guise, on alla même jusqu'à métamorphoser le cardinal en madame de Pompadour. Suivant des mémoires du temps, madame de Pompadour aurait dit à Bernis : — Vous êtes le dernier homme à qui j'accorderais mes faveurs. Et Bernis aurait répliqué : — Eh bien, Madame, j'attendrai. Cette version est la plus jolie, mais elle n'est que le roman, l'autre version est l'histoire. Madame de Pompadour avait ses raisons pour en pouvoir parler ainsi à Bernis.

Ce fut avec ce bon mot que notre aimable abbé se présenta à l'académie. Les femmes voulaient que l'abbé fut de l'académie, les académiciens le voulurent. Il fut accueilli là comme ailleurs, en enfant gâté. — Maintenant, dit-il à la princesse de Rohan, voilà que je marche sur la terre ferme. Ce qui voulait dire : Jusqu'à présent j'ai vogué dans l'île de Cytère avec des femmes, j'étais soumis aux tempêtes de l'amour, à cette heure me voila sauvé de l'amour, j'ai un marchepied plus solide pour mon ambition.

Madame de Pompadour venait d'être reconnue reine de France par un royal baiser. La princesse de Rohan daigna lui écrire pour son cher abbé, en ayant soin toutefois de glisser une petite méchanceté dans sa lettre. « Madame la marquise, vous n'avez point oublié M. l'abbé de Bernis, vous daignerez, j'espère, faire encore quelque chose de plus pour lui, il est digne de vos faveurs. » A propos de cette lettre, madame de Pompadour écrivait celle-ci à je ne sais plus quel ministre de sa cour. « J'ai oublié, mon cher nigaud, de vous demander ce que vous avez fait pour *l'abé de Berny* (Madame de Pompadour faisait presque autant d'accrocs à la grammaire qu'à la vertu), mandez-le moi, je vous prie, car il doit venir dimanche. » Madame de Pompadour, qui avait de l'esprit comme Voltaire, avait aussi la manie de baptiser tout le monde à sa guise; le roi lui-même figurait plusieurs fois dans son calendrier grotesque. On sait qu'elle appelait Bernis *le pigeon patu*. A ce propos, l'abbé s'écria un jour : Que ne puis-je dire *ma colombe!*

Madame de Pompadour présenta son cher poète à Louis XV avec un sourire; le poète se présenta avec son ode sur les poètes lyriques; le roi Louis XV fut si charmé du sourire de la marquise, qu'il offrit à Bernis de prime abord un appartement aux Tuileries et une pension de 1500 livres. Il faut bien dire que l'ode sur les poëtes lyriques finit par ces vers :

> Enfans d'Homère et de Virgile,
> Immortalisons la vertu ;
> Et peignons le roi le plus juste,
> Ami des beaux arts comme Auguste
> Et bienfaisant comme Titus.

Notre abbé alla si loin dans l'esprit du roi et dans le cœur de madame de Pompadour, qu'après deux ans de séjour au château, il fut nommé ambassadeur à Venise. Une chanson du temps, qui pourrait bien être de Panard, s'égaya alors sur l'abbé et sa pénitente :

> Ambassadeur, mon maître,
> Voilà ce que c'est que d'être
> Un beau *pigeon palu*
> Turlututu !

A Venise, Bernis trouva qu'il n'y avait *rien à faire ;* alors on était ambassadeur pour son compte personnel, pas le moins du monde pour le compte de la France. Il demanda son rappel à madame de Pompadour. Il revint et supplia sa belle protectrice de le laisser jusqu'à la mort assister au spectacle de ses grâces. L'abbé de Bernis fut dix années durant l'ombre de madame de Pompadour; il la suivait partout, même quelquefois trop loin. Louis XV le rencontrait à tout venant, dans les petits comme dans les grands appartemens de son palais, ce qui lui faisait dire quelquefois : « Où allez-vous, Monsieur l'abbé. » Monsieur l'abbé s'inclinait en souriant. Un jour que madame de Pompadour l'ennuyait et qu'il ennuyait madame de Pompadour, elle le nomma ambassadeur à Madrid ; il n'eut garde d'aller en Espagne : « Je n'aime pas les châteaux en Espagne,

Madame la marquise, un petit coin de votre tabouret ferait bien mieux mon affaire. » Il fut si suppliant que madame de Pompadour daigna le laisser soupirer sur ses mules couleur de rose. En sa qualité d'abbé il écoutait aux portes, disant que ce château des Tuileries n'était pour lui qu'un grand confessionnal. Il finit par tout savoir et par tenir conseil avec le roi et la marquise ; certes, il y a une jolie comédie à faire sur ce conseil-là ; un roi qui s'ennuie, un abbé qui s'amuse, une femme qui, avec ces deux amans, n'a le cœur distrait que par les affaires de l'état. Le roi de Prusse vint troubler la comédie ; dans un jour de gaieté, Frédéric s'avisa de dire *Cotillon II* au lieu de *madame la marquise de Pompadour ;* et puis il fit une satyre sur monseigneur l'abbé de Bernis, comte de Lyon, ambassadeur à Madrid : *évitez de Bernis la stérile abondance.* Frédéric se préparait par là la bataille de Rosback. En effet, la vengeance de madame de Pompadour et de l'abbé de Bernis commencèrent peut-être la désastreuse guerre de sept ans. A peu près vers ce temps-là, c'est-à-dire au beau milieu de ses labeurs politiques, il lui advint une aventure assez bizarre racontée, sous d'autres noms dans un curieux libelle : *les Ministres de la Folie,* écrit à Amsterdam par une petite fille de la célèbre madame Dunoyer.

Un matin le valet de chambre du ministre lui remet une lettre qu'il dit avoir ramassée dans l'antichambre. L'abbé de Bernis brise le cachet avec insouciance, mais pourtant avec une soudaine curiosité :

« Son exce*l*ence monseigneur le ministre ne peu*x* pas m'e*n*pêch*ée* d'*é*lever mon cœur jusqu'à lui. Celui qui fut le plus aimable des abbés est sans doute encore sous l'*a*mpire de ses *e*nciennes habitudes... Je serai seule ce soir à onze heures dans la petite maison du comte de Berthoud. Son excellence aura-t-elle la cruauté de me laiss*ée* seule plus de cinq minutes ?

J'ai d'ailleurs de graves confid*a*nces à faire touchan*s* la sûreté de l'État.

En attendant, je suis avec une amitié très profonde,

de monseigneur le ministre,
la très humble servante,
ZOÉ.

Que vais-je faire à cela, dit le ministre. Si je n'étais encore qu'un petit abbé, à la bonne heure ! Cependant une belle femme qui vous attend — une femme d'esprit par dessus le marché. C'est une écriture assez vulgaire ;

il y a bien quelques fautes d'orthographes,
mais tout cela est à la mode, c'est-à-dire de
bon goût. Quand on écrit avec l'amour, on
a le cœur sous la main et non pas la grammaire, mais si madame de Pompadour le
savait! D'un autre côté, il y a bien long-temps
que je suis abîmé sous le sceptre de la
Marquise.

L'abbé de Bernis alla au rendez-vous à
ses risques et périls.

Dès son arrivée devant la maison du
comte de Berthoud la porte s'ouvrit comme
une porte bien entendue à ces choses-là.
Toute la maison semblait dans les ténèbres;
l'abbé fit passer son valet en avant et saisit
le pommeau de son épée avec un petit frisson d'abbé. Cependant on était venu à sa
rencontre, on lui prit la main — dans une
petite main caressante — et sans mot dire on
le conduisit dans un boudoir où la lune

jetait un pâle sillon de lumière. On le fit asseoir sur un canapé tout en souffrant un baiser sur la petite main. Sans plus de préface, on lui parla du beau temps de sa jeunesse, ce beau temps où il s'était très-haut placé, sinon dans les splendeurs de la fortune, du moins dans le cœur des femmes. Ici l'abbé de Bernis fit un peu la grimace, car puisqu'on lui parlait avec si bonne mémoire de 1736, c'est qu'on était jeune en 1736. Il se résigna d'assez bonne grâce, il débuta par un madrigal.

— En vérité, madame, je suis ravi d'avoir affaire à vous, surtout s'il ne s'agit pas des choses de l'État.

— Pas le moins du monde, monsieur l'abbé, c'est-à-dire monseigneur le ministre.

— Dites monsieur l'abbé, j'aime mieux cela ; il me semble que par là je rattrape mes vingt ans : *ni l'or ni la grandeur ne nous rendent heureux*.

— Je ne suis pas tout-à-fait de votre avis là-dessus.

— Qu'importe, si vous êtes toujours de mon avis ailleurs. Vous avez une voix délicieuse, madame, qui me rappelle... je ne sais quoi... mais c'est un souvenir du cœur.

— On a beau faire, monsieur l'abbé, on a beau vieillir et gouverner la France, il y a des hasards qui vous ramènent à la jeunesse, surtout quand on n'est pas bien vieux encore.

— Comme vous dites, madame, on a beau passer le fleuve de l'oubli, on emporte partout un lambeau de ses vingt ans. Ah! que ce lambeau-là vaut mieux qu'un manteau de pourpre! Mais, en vérité, madame, je ne sais où j'en suis.

— Vous êtes en mauvaise rencontre tout simplement, cher abbé.

— Je sais que l'amour est aveugle et je ne

veux pas soulever le bandeau, mais, à défaut de lumière, si je savais à peu près...

— Mon nom? mon titre n'est-ce pas? A quoi bon? D'ailleurs, j'ai laissé tout cela à la porte.

— A votre aise madame; du reste, nous ne sommes pas tout-à-fait dans les ténèbres, comme disait Gentil-Bernard; vos yeux brillent comme des petits soleils, et je ne parle pas des éclairs de votre esprit.

— A merveille, monsieur l'abbé, je suis charmée de voir que vous êtes toujours galant.

— Mieux que cela, madame la Marquise.

— C'est bien, vous croyez parler à madame de Pompadour.

— Non pas, en vérité, je ne vais pas si loin pour parler à la Marquise. Et puis, il y a si longtemps que nous n'en sommes plus sur ce chapitre-là. Mais quelle jolie main vous avez, madame la duchesse.

— Duchesse ou baronne, si vous voulez, cela m'est égal. Dites-moi, mon cher abbé, vous n'êtes point ici à confesse, ni moi non plus; cependant, monsieur, si vous tenez un peu à mon amitié, faites-moi, sans trop bégayer, l'aveu de vos premières amours.

— Est-ce que je n'ai pas entendu un bruit de pas, le pas léger d'une femme dans la salle voisine?

— Nenni, nenni, nous sommes seuls comme dans un confessionnal.

— Mais, madame la comtesse, cette confession n'en finirait pas. Et puis, mes premiers péchés sont à présent indéchiffrables dans mon souvenir.

— Allons, je vois bien que vous êtes de mauvaise foi; si vous faisiez un acte de contrition et le *mea culpa* des pénitens, bien de jolies images oubliées avec vos jolis pêches repasseraient bien vite devant vos yeux ! l'image d'une belle tourangeaise rencontrée dans votre premier voyage à Paris.

— Je ne répondrai pas à l'appel de celle-là, car j'ai bien oublié l'histoire ancienne.

— *Secundo* l'image d'une petite brune fort enjouée qui essayait sur votre jolie tête les chapeaux de sa boutique.

Ici l'abbé partit d'un éclat de rire un peu forcé.

— Il n'y a pas de quoi rire, en vérité, reprit l'inconnue.

Et au même instant, comme l'abbé voulut saisir la petite main, deux larmes tombèrent sur la sienne. Il ne sut que dire à cela; une image traversa son esprit.

— Chloé, murmura-t-il, comme en se parlant à lui-même, vous avez connu Chloé, madame ?

— Ah! traître! ah! chef-d'œuvre de perversité! Tu ne me reconnais pas! Hélas! monseigneur, j'ai bien pleuré depuis ce temps-là.

— Quoi? c'est Chloé, dit l'abbé avec dépit, mais en même temps avec une petite secousse de cœur.

Il songea tout de suite à se tirer au plus vite de ce mauvais pas et de cette mésaventure.

— Ainsi, ma chère Chloé, vous avez fait fortune de votre côté, j'en suis bien aise; adieu, je viendrai vous voir, mais de grâce n'en disons rien à personne, l'amour aime le silence.

— Méchant! vous avez bien le cœur de me quitter si tôt après une pareille absence.

— J'ai des ordonnances à faire signer ce soir. Et puis, madame, j'imagine que vous êtes enchevêtrée dans le mariage.

— Pas encore, Monseigneur, je vous attends.

L'abbé se mit à rire de concert avec Chloé.

— A merveille! attendez. Vous êtes donc, en attendant, la maîtresse de monsieur de Berthoud? Dieu et l'amour vous gardent, si je dis un jour la messe, comptez sur moi. Bonsoir.

L'abbé se leva pour la seconde fois.

— De grâce! encore une petite minute. Ici Chloé sonna d'une main, et de l'autre retint l'abbé par les basques de son habit.

— Vous êtes toujours alerte comme au beau temps. Volage! vous avez bien changé.

Une lumière soudaine éclaira le boudoir. Du premier regard, le pauvre abbé vit la figure sillonnée et flétrie de sa première maîtresse.

— Ah! s'écria-t-il, comme nous avons

changé tous les deux ; mais, mon Dieu, Madame, à quoi bon cette lumière ? Nous n'avons rien à gagner au grand jour.

— Cette lumière! c'est pour voir clair à ce que vous faites, monsieur l'abbé.

— Je m'en vais, et je me serais bien en allé comme j'étais venu.

— Mais moi, je veux faire les honneurs de la maison. Avant de vous quitter, je veux vous dire deux mots encore : Vous vous passeriez bien des affaires de l'État, mais à coup sûr, les affaires de l'État se passeraient bien de vous ; c'est le bruit du monde. Un abbé poète ne voit pas plus loin que le bout de son nez ; il a bien assez des affaires du ciel sans s'occuper de celles de la terre. Dites des *oremus*, monsieur l'abbé, faites des chansons, monsieur le poète. Ce que je vous dis là est pour vous préserver d'une dégringolade. Rappelez-vous ces saintes paroles prophétiques : *Ceux qui s'élèvent...*

L'abbé n'écoutait pas, il promenait son regard avec inquiétude.

— Mais le temps des sermons est passé; voilà votre chemin, monsieur l'abbé.

Et Chloé indiquait la porte d'un salon illuminé.

— Mais il y a quelqu'un dans ce salon.

— Ce n'est rien, c'est madame la comtesse avec madame de Cerny ; elles ne prendront pas garde à vous.

— Mais elles me connaissent !

Le pauvre abbé était effaré comme un moineau qui cherche à s'envoler d'une cage.

— Dame ! ce n'est pas de ma faute si vous êtes connu de toutes les belles femmes.

— Pourquoi m'avoir attiré ici ? Il était si simple de m'appeler ailleurs.

— C'est qu'ici c'était pour moi plus simple qu'ailleurs; ici, en ma qualité de femme de chambre...

— Femme de chambre !

— Dame de compagnie quand madame s'habille, si vous voulez.

L'abbé recula jusqu'à la porte du salon.

— C'est un guet-à-pens, dit-il tout bas en rougissant jusqu'aux oreilles.

— Et bien ! monsieur l'abbé, vous n'êtes pas encore parti ? Il me semble que vous vous amusez un peu aux bagatelles de la porte.

L'abbé revint vers Chloé.

— Voyons, je ne puis passer par-là.

— Ma foi, monsieur l'abbé, il faut passer par là ou par la fenêtre, il n'y a point de milieu.

Chloé s'avança à la porte du salon.

— Allez, méchant, j'ai pitié de vous.

Et d'un air naïf, s'adressant à la comtesse:

— Madame, ne regardez pas s'il vous plaît, c'est M. François Joachim de Pierres, abbé de Bernis, poète de cour, ministre d'état, qui va passer dans votre salon.

L'abbé était dans le feu de l'enfer ; il avait saisi la main de Chloé et la brisait dans la sienne; enfin, dominant sa colère, il reprit ce sourire moqueur qui nous est resté dans ses portraits, il s'avança avec une grâce un peu sèche vers les deux dames.

— A coup sûr, mesdames, dit-il en s'inclinant, il y a là-dedans du somnambulisme.

— Allons, allons, monsieur de Bernis, dit madame de Berthoud, vous êtes en bonne fortune, ne vous inquiétez pas, faites comme chez vous.

Et la jolie comtesse poursuivant son babil avec madame de Cerny, eut l'air d'oublier que l'abbé était là. Il se mordit les lèvres et promit de se venger de cette petite comédie de paravent dont il était la victime. Mais avant la vengeance il voulut riposter par un bon mot. — En bonne fortune! madame la comtesse, on n'est jamais en bonne fortune chez vous, quand on n'est qu'un abbé.

Il était alors beaucoup question dans le monde de la tendresse de madame de Berthoud pour un garde du corps. La comtesse eut l'air de ne pas entendre; l'abbé de Bernis partit sans dire un mot de plus. Chloé le suivit jusqu'à la porte. — Dites donc, monsieur l'abbé, puisque vous allez faire signer des ordonnances, ne m'oubliez pas.

Cette petite comédie avait été préparée par la comtesse qui avait à se plaindre du ministre à propos d'un cousin (à la mode de Bretagne et d'autres pays). Elle avait depuis trois ans à son service la pauvre petite marchande de modes qui, depuis son veuvage et même avant son veuvage, confiait à tout venant son aventure avec l'abbé. On lui avait appris son rôle. Comme on vient de voir, elle ne l'avait pas trop mal joué. Il est vrai qu'elle jouait dans l'ombre. Elle avait mis beaucoup de bonne volonté à tout cela; elle se vengeait d'un infidèle, et là-dessus, femme qui se venge, dit le proverbe, n'y va pas de main morte. Cette femme mourut à quelque temps delà au château de Cerny, où madame de Berthoud passait la belle saison. — Le diable, disait-elle gaiement la surveille de sa mort, a toujours sa belle part de deux amans, mais grâce à mon cher abbé, je n'aurai rien à débattre avec le diable.

Le lendemain de la comédie, le ministre fit dire à la charmante comtesse, par madame de Bussy, qu'il avait depuis long-temps sur son compte une épigramme assez verte, mais qu'il venait de la jeter au feu.

La comtesse fit répondre à monseigneur le ministre, qu'elle regrettait bien de ne pouvoir brûler aussi l'épigramme de la veille. L'histoire en resta là ; le cousin en question ni perdit pas, bien entendu. A la mort de madame de Berthoud, il épousa une orpheline, ce qui voulait souvent dire alors une fille naturelle d'un grand personnage. A cette heure, c'est une veuve de quatre-vingt-dix ans, s'il faut l'èn croire sur son âge, qui raconte avec beaucoup d'esprit ce que je viens de raconter.

IV

LA MAITRESSE

DU

MAITRE D'ÉCOLE.

LA MAITRESSE
DU
MAITRE D'ÉCOLE.

Je raconte tout simplement une histoire romanesque dont toute la Champagne se rappelle encore le scandale ; c'est l'histoire des amours d'un jeune maître d'école et d'une demoiselle du monde.

M. André Fourcade, maître d'école à Chamerolles, avait pour logis la maison la plus gaie du village, une petite maison bâtie en pierres blanches, à l'ombre d'un clocher flamand, à la sortie de la commune, entre une belle draperie de verdure où s'abattaient ses écoliers et un joli jardin où il se reposait dans le travail champêtre. D'un côté, la vue s'étendait sur l'agreste vallée de Saint-Pierre, de l'autre sur la vieille église, sur le verdoyant cimetière et sur les humbles chaumières de Chamerolles.

Cette petite maison, abritée par l'église comme un enfant de sa mère, vous eût fait envie à vous, madame, qui avez un hôtel à Paris, à vous, monsieur, qui avez un château en Espagne. Ce fut dans la salle d'école que je vis pour la première fois M. Fourcade. J'étais alors un glorieux clerc de notaire et j'allais vers lui pour recueillir divers renseignemens sur les savarts communaux de Chamerolles. La moisson était venue et l'école était presque déserte. Le pain avant la science. A peine si douze marmots en jaquettes parsemaient la salle. Le maître présidait la bruyante assemblée devant une grande table noire où il n'y avait ni livres, ni plumes, ni compas, ni aucun des attributs de l'étude, mais un jeune gars tous ébouriffé qui souriait aux agaceries paternelles.

— Voilà, dis-je, un maître d'école assez spirituel ; celui-là n'est point pédant comme tous les autres. Dieu soit loué ! je n'aurai point à subir sa science grammaticale, et ses discours finiront. — M. Fourcade, en effet, avait tout au plus ce qu'il faut de pédanterie pour l'enseignement. Hors de son école, et même en son école, c'était un joyeux homme plein d'insouciance et d'abandon, confessant son ignorance à tout venant, hormis aux pères de famille, lisant plutôt le profane Voltaire que le révérend père de la Salle, buvant plus volontiers une bouteille de vin qu'un verre d'eau, le vin fut-il d'un mauvais terroir. Pourtant M. Fourcade était loin d'être un ivrogne; mais il suivait avec religion la coutume des vieux maîtres d'école.

Comme je venais d'entrer sa femme survint, ayant en main un arrosoir et une bêche. Sa femme était jeune et belle, blonde et rose comme les paysannes du Brabant, et, comme les paysannes du Brabant, elle avait l'intelligence fort embrumée; mais, de temps immémorial, une belle femme a le droit d'être ignorante. Les femmes sont faites pour la beauté, et je sais plus d'une femme d'esprit qui donnerait son esprit pour avoir le nez d'une autre forme ou l'œil d'une autre couleur.

En me voyant, madame Fourcade essaya

de rajuster son fichu, qui suivait assez mal sa mission ; mais elle perdit son temps et sa peine, le maudit fichu avait pris un mauvais pli. La pauvre femme était toute désespérée, quand elle eut l'instinct de prendre son enfant sur son sein : ce fut un vaste voile que n'eussent pas trouvé bien des femmes d'esprit.

Or, au village de Chamerolles demeurait un riche bourgeois, ancien marchand de fer, ayant le malheur d'avoir une belle fille. Cette belle fille sortait du couvent au temps où commence ce récit. C'était tout simplement une copie mignarde de la femme du maître d'école ; c'était la même nature blonde et nonchalante, mais plus délicate et plus finie. Imaginez une copie de *la Madeleine* de Rubens faite par Watteau, et vous aurez l'image de mademoiselle Mathilde Lenoir.

Mathilde avait le cœur à l'avenant du corps, un peu mignard comme sa nature, un peu rétréci par le corset comme ses pieds par les souliers, mais enfin un bon petit cœur dont elle suivait l'instinct. La maîtresse d'école avait le cœur sur la main, mademoiselle Lenoir l'avait sur les lèvres.

M. Lenoir était maire de la commune de Chamerolles; M. Fourcade, pour son bonheur et pour son malheur, était secrétaire de M. Lenoir. Comme le village n'avait pour hôtel-de-ville que la maison du maire, M. Fourcade rencontra souvent Mathilde. Il la regardait avec admiration : jamais si douce image n'avait enchanté son regard. Sa femme était plus belle, mais c'était sa femme; M. Fourcade ne voyait plus madame Fourcade.

Mademoiselle Lenoir, au lieu de planter

ses choux et d'arroser sa salade comme la maîtresse d'école, passait son temps à lire des romans de Walter Scott; elle avait dix-sept ans, et son cœur fait pour les pures joies de la famille, devint bientôt un roman confus : à ses yeux égarés la modeste maison de son père se transforma en vieux donjon, elle s'imagina qu'elle était châtelaine. Elle attendit long-temps le damoisel de ses rêves, et, lasse d'attendre, elle tourna ses regards sur le maître d'école, c'est-à-dire sur le seul homme du village qui vînt au logis de son père.

A l'heure où les filles passent de l'adolescence dans la jeunesse, elles répandent plus que jamais l'amour autour d'elles ; comme la rose, qui jette tant de parfum au moment où elle s'ouvre. C'est l'heure du danger pour les familles, c'est l'heure du triomphe pour les amans. Les plus chastes entre toutes ternissent peu à peu le ciel de leur âme par les rêves enivrans et les espérances coupables : elle aimaient la vertu, elles en ont peur ; leur sommeil était calme et reposant, elles dormaient dans les bras de la Vierge Marie : elle dorment dans les bras agités des visions amoureuses. La lutte est violente, il leur faut la vertu des archanges pour résister à l'amour. Le sournois les poursuit ou les entraîne sans relâche et sans pitié vers ces sentiers perdus où il y a tant de fleurs et tant d'épines. L'amour est partout, sur l'autel où elles prient, dans la rose qu'elles cueillent, sous la nue qui passe; l'amour parle sans cesse : il prend la voix de la brise et de la tourterelle; le matin c'est lui qui gémit et qui roucoule quand elles s'égarent dans les bosquets touffus, qui se plaint avec langueur ou qui éclate avec violence quand elles font de la musique, qui murmure doucement quand elles se reposent au bord des claires fontaines. En vain elles détournent leurs yeux des images infinies de l'amour, elles ferment leurs oreilles à ses mille voix trompeuses : elles voient et elles entendent. Le beau ciel si pur au matin de la vie se parsème de nuages ; les nuages s'amoncèlent, l'éclair sillonne l'horizon, l'orage va venir ; — il vient, il éclate, la vertu tombe et l'amour s'élève. Quelquefois l'orage passe en vain : l'amour a perdu ses peines, la vertu demeure la reine de l'âme.

Ce fut durant cet orage que mademoiselle Lenoir attacha ses regards sur le maître d'école, dont la figure souriante et mélancolique tout à la fois avait quelque attrait au travers des fantaisies sentimentales de l'amour.

Mademoiselle Lenoir était mollement

penchée sur la légère balustrade de sa fenêtre, qui regardait dans le jardin. C'était le soir : le couchant était rouge, le ciel pâlissait, l'ombre jetait un voile sur toutes choses, l'arome du parterre et le chant du rossignol s'envolant vers Dieu s'arrêtaient au cœur de Mathilde, et elle chancelait sous l'ivresse. Dans une petite allée bourgeoisement bordée de buis, M. Lenoir et M. Fourcade se promenaient en devisant des intérêts du village. M. Lenoir croyait qu'il fallait vendre les savarts communaux ; M. Fourcade croyait que les pâturages étaient les seuls biens sacrés des pauvres. Sans le savoir, le digne maître d'école plaidait en faveur des paysages ; car, en défrichant les prairies et les marais, adieu la verdure des hivers, les grands rideaux d'aulnes et de peupliers, les bouquets de saules, d'oseraies et d'ajoncs, les ruisseaux qui serpentent, les étangs qui se font dans les temps pluvieux ; adieu les vaches brunes tachetées de neige, si bien éparpillées sur la savane, les moutons qui se suivent gravement, les agneaux qui bêlent et bondissent. — Les vaches demeureront à l'étable, les moutons à la bergerie ; on desséchera les pâtures, on y plantera des betteraves, et les betteraves diront aux aulnes, aux saules et aux peupliers : Vilaines bêtes, retirez-vous de notre soleil !

Mademoiselle Lenoir suivait le maître d'école d'un regard distrait ; elle prit peu à peu quelque plaisir à le voir. Comme la nuit tombait, il lui fut aisé de s'imaginer que M. Fourcade était le plus beau des hommes. Elle eût bien désiré plus d'agrément dans le costume du magister, mais ce vieil adage : *L'habit ne fait pas le moine,* lui vint à la mémoire : L'habit ne fait pas l'amoureux, dit-elle. Dès ce soir-là elle s'imagina qu'elle était l'amante de M. Fourcade. Le lendemain elle se fit belle pour lui; le surlendemain elle alla à sa rencontre, dans l'allée bordée de buis, et lui demanda en rougissant s'il aimait les fleurs. Le maître d'école regarda l'amoureuse avec une grande surprise. — Comment ne pas aimer les fleurs? dit-il en souriant. Pour cacher sa rougeur, Mathilde se pencha vers un geranium ; sa robe s'accrocha à un rosier, et M. Fourcade, en la détachant d'une main tremblante, fit éclater son esprit galant par ce madrigal digne de Boufflers : — Il n'y a pas de roses sans épines.

Mademoiselle Lenoir s'enfuit tout effarée. — Il m'aime, je suis perdue! murmura-t-elle avec une joie enivrante. Quand elle fut un peu calmée, elle pensa qu'elle était une grande sotte de croire à l'amour de M. Fourcade. Cependant sans l'amour eût-il fait un si beau madrigal? — Ah! dit-elle, s'il était en vers! Voilà bien les femmes! on leur fait de la belle prose : il leur faut de mauvais vers, sans doute parce que les vers sont la langue des dieux. Pendant plus d'une heure Mathilde, appuyée sur la balustrade de sa fenêtre, essaya de mettre en vers la prose du maître d'école :

Ce rosier n'ayant plus — de roses à ses branches
T'accrochait par la robe — ô rose des plus blanches!

Elle dormit peu. Le lendemain, comme elle relisait dans *La prison d'Édimbourg* le passage des amours de Butler et de Jeanie Deans, une belle rose fraîchement épanouie vint tomber à ses pieds.

— C'est de lui! dit-elle avec joie.

Et elle effeuilla la fleur, tout en s'enivrant du parfum, dans l'espérance d'y trouver un billet d'amour; et quand la rose fut vainement effeuillée :

— C'est trop commun, dit-elle; d'ailleurs cette belle rose ne renferme-t-elle pas une lettre infinie? chacune des feuilles n'est-elle pas un serment? Veuille le ciel que les sermens ne se flétrissent pas comme la rose !

Et elle se mit à interroger toutes les feuilles :

— Il m'aime, — un peu, — beaucoup, — passionnément.

La rose venait tout simplement d'une servante qui passait dans le jardin.

Le soir Mathilde *rencontra* M. Fourcade sous un berceau de verdure. Le pauvre maître d'école, ne sachant trop que lui dire, s'avisa de parler de la science occulte des Égyptiens. Le maître d'école avait lu dans la matinée un petit volume ayant pour titre : *La Magie blanche*, et les gens qui ne savent pas grand'chose.— M. Fourcade était de ceux-là—vous disent toujours la dernière chose qu'ils ont apprise.

— Ce sont de grands magiciens ! reprit-il après un silence : en voyant les lignes de la main ils prédisent l'avenir.

Mademoiselle Lenoir pensa que le maître d'école parlait ainsi pour avoir sa main, elle pensa que ce détour était plein de sentiment et de délicatesse, et elle tendit sa main à M. Fourcade en murmurant : — Dites-moi donc l'avenir.

Loin de presser cette main si blanche et si mignonne, M. Fourcade la toucha à peine du bout des doigts. Mathilde, qui augurait de tout en faveur de son amour, se dit avec un doux émoi que le maître d'école avait encore le cœur de la jeunesse et la candeur de l'adolescence. Cependant M. Fourcade ouvrait de grands yeux et promenait un regard troublé sur les lignes légères de la main de Mathilde.

— Vous vivrez long-temps, mademoiselle. Voyez, la ligne est infinie !

— Vous ne me dites que cela, monsieur Fourcade ?

— C'est déjà quelque chose, mademoiselle.

— C'est bien la peine de savoir qu'on vivra long-temps si on ne sait pas pourquoi !

M. Fourcade regarda la ligne de l'amour et de la fortune.

— Vous mourrez pauvre, mademoiselle, je vous le dis à regret : la ligne s'arrête tout d'un coup. De plus, vous aurez une vie agitée : cette autre ligne mille fois traversée est celle *des sentimens*.

Le maître d'école n'avait osé dire *des amours*.

Mademoiselle Lenoir, enchantée de cette découverte, bondit comme un jeune faon.

— Dieu soit loué! s'écria-t-elle. J'ai toujours eu le pressentiment que ma vie serait le plus beau roman du monde.

M. Fourcade s'en retourna à sa maison, tout allangui par les charmans souvenirs de la soirée. En franchissant le pas de la porte il vit avant tout la main de sa femme : cette main était d'une belle forme, mais point d'une belle couleur. En attendant le souper, le pauvre maître d'école essaya vainement de repousser l'image attrayante de Mathilde en regardant l'enfant de ses agrestes amours. La nuit il dormit peu : son cœur battait avec violence, son âme était tourmentée par une joie importune; il avait presque peur du lendemain. Aux premières clartés de l'aurore, comme sa femme tendait les bras pour secouer les chaînes du sommeil, il l'embrassa avec plus de tendresse que de coutume, mais en l'embrassant il songea encore à mademoiselle Lenoir. Cependant, une heure après, en revenant de sonner l'angélus, le cœur calmé par l'austère solitude de l'église, il se mit à rire de ses tourmens nocturnes. Comme, d'aventure, il avait pris du café la veille, il s'imagina que son insomnie venait de là.

Mathilde poursuivait toujours son *voyage dans le bleu*, c'est-à-dire dans le pays des chimères. Son âme troublée était le refuge des fantasques rêveries; elle avait, à propos de M. Fourcade, les espérances les plus extravagantes. — Nous sommes loin des gloires guerrières, se disait-elle; le temps du repos est venu : le temps du repos est le temps de la science. Au lieu de s'élever par sa bravoure, mon amant s'élèvera par son esprit, ma fortune lui servira de marche-

pied : il sera romancier, historien, poète !
il servira son siècle et laissera un nom célèbre à nos enfans. — D'autres fois, quand
elle se rappelait que M. Fourcade était marié,
elle songeait à s'enfuir avec lui dans un pays
lointain, et à passer silencieusement sa vie
au fond d'un petit val paisible, dans les joies
champêtres de l'amour. Il me faudrait bien
des mots et bien des figures pour analyser
toutes les fantaisies sentimentales de cette
âme si jeune et si égarée. M. Lenoir ne
veillait guère sur la sainte candeur de Mathilde; comme le père de saint Augustin,
il eût été moins chagriné de voir un accroc
à la vertu de sa fille que de l'entendre écorcher la grammaire. Dans ce mauvais siècle,
il est beaucoup de ces mauvais pères qui
sont plus fiers des agrémens que des vertus
de leur descendance.

Mathilde rencontra souvent M. Fourcade

au jardin. Le maître d'école s'était rassuré sur les enfantillages de la jeune fille ; il s'en amusait avec innocence. Les souvenirs du jardin se perdaient si bien dans les soins de son école et de son église, dans les baisers de sa femme et de son fils, qu'il ne pensait plus à s'en délivrer. Mais, au moment où il était le plus calme, la tempête vint s'abattre sur lui. C'était un soir d'été : le ciel était bleu, les roses s'agitaient devant Mathilde comme des encensoirs. La pauvre fille, entraînée par la passion, alla se jeter en pleurant dans les bras de M. Fourcade. Dès cet instant, elle fut perdue.

Durant les premiers jours qui suivirent, elle regretta sa blanche robe d'innocence, et se cacha à tous les regards comme Ève après son premier péché ; elle voulut jeter pour jamais la pomme de volupté et se réfugier dans la froide solitude d'un couvent. Ce dessein romanesque fut un rêve long-temps caressé, mais il s'évanouit devant l'attrait du péché. Elle s'accoutuma peu à peu aux vapeurs grossières de son âme, aux images ardentes de ses songes; elle s'affermit dans le mal. Si la voix du bien s'élevait en elle pour lui rappeler la douce chasteté de son adolescence, elle étouffait dans les frivoles distractions cette voix de plus en plus terrible.

Le maître d'école était effrayé de son bonheur. Élevé dans les vertus paisibles du coin du feu, il se désolait de voir dans l'histoire de sa vie cette ravissante et pernicieuse page de roman. Ce n'était pas ce qu'il avait rêvé : humble et timide, il n'aspirait qu'aux choses les plus simples; son ambition n'avait jamais dépassé le seuil de sa porte, il demandait à son pays des écoliers, à son église des surplis blancs, à sa femme un peu d'amour. Voilà tout ce qu'il voulait, mais la fortune ne voulait pas comme lui.

Mathilde trouvait une joie infinie dans ses extravagances; il ne se passait pas de jour sans qu'elle imaginât une aventure romanesque. Pour vous dévoiler tout d'un coup la singularité de ce jeune caractère, en proie à tous les caprices, je n'ai qu'à citer un petit épisode de ses amours.

M. Lenoir venait de partir pour la Normandie, où il devait renouveler le bail d'une ferme qui dépendait de la succession de sa femme. Mathilde, seule avec les deux servantes, était la maîtresse absolue de ses œuvres; mais, voulant se prouver que son amour était tout hérissé d'obstacles, et d'ailleurs croyant qu'un véritable amoureux doit passer par la fenêtre pour voir son

amante, elle s'avisa d'un rendez-vous à minuit en sa chambre, et dit à M. Fourcade :
— Vous passerez par la fenêtre.

Il fallut bien que le pauvre maître d'école se résignât. Il se déchira les mains, il faillit se casser le cou ; enfin il parvint à grimper, grâce aux espaliers, et à franchir la balustrade. Une heure après, à son grand dépit, il fallut s'en aller par le même chemin.

— Hélas! disait-il d'un ton piteux, quel dégât parmi ces beaux espaliers! Il eût été si simple et si facile de passer par la porte!

Une année s'écoula. M. Fourcade résistait vainement à l'attrait de Mathilde : il faisait tous les matins le serment de ne plus la revoir, mais tous les soirs il défaisait son serment. Malgré les imprudences de mademoiselle Lenoir, leur amour fut long-temps un mystère. En vain une servante avait voulu en répandre le bruit : nul ne croyait aux commérages de cette fille. Mademoiselle Lenoir amoureuse du maître d'école ! cela ressemblait trop à un conte de fées. Cependant là-dessus les idées changèrent peu à peu : madame Fourcade, charitablement avertie par ses voisines, ouvrit des yeux de jalouse ; M. Lenoir, assiégé de lettres anonymes, ouvrit des yeux de père. Le voile dont se cachaient les amans était d'une grande transparence : ils furent découverts. M. Lenoir enferma sa fille et mit à la porte le maître d'école. Il était un peu tard.

Cette histoire fut un grand scandale pour le pays ; tout l'arrondissement s'en amusa ; un garde champêtre anonyme la raconta fort grotesquement dans une complainte que chantent encore les lavandières de Chamerolles et des villages voisins. Je ne désespère pas qu'en dépit de tous les obstacles,

les imprimeurs de S — et de L — ne contrefassent ce récit pour la distraction des collégiens et des maîtres d'école.

Un soir que Mathilde eut un instant de liberté, elle courut à l'église, dont la porte demeurait ouverte fort mal à propos puisque les paysans ne vont prier Dieu que le dimanche ; elle attacha avec une épingle à la corde pendante de la cloche un lambeau de papier. A peine était-elle de retour en la maison de son père que le maître d'école, allant sonner l'angélus comme de coutume, trouva le billet. Il y lut ces mots avec beaucoup de peine, tout maître d'école qu'il était :

A minuit, à la petite porte du verger.

M. Fourcade sonna l'angélus d'une main tremblante, tout en se demandant s'il irait au rendez-vous. Il faut bien le dire, il n'était pas plus brave qu'aventureux : il redouta un guet-à-pens, une vengeance souterraine ; il redouta les jalouses colères de sa femme, et il se promit de rester coi. Mais il lui vint bientôt des idées plus humaines : l'enchanteresse image de Mathilde repassa sous ses yeux, pâle de douleur et d'amour; il fut encore séduit, il jura d'aller au rendez-vous.

Tout à coup il pâlit; sa main, plus tremblante, se détacha de la corde. Dans ses amoureuses distractions, il avait quatre fois sonné l'angélus. Toutes les commères qui s'en revenaient des champs se disaient entre elles : — Qu'a donc notre maître d'école?

M. Fourcade alla au rendez-vous, en dépit de la surveillance conjugale de madame Fourcade; minuit sonnait quand il arriva à la porte du verger. — Je vous attends depuis une heure, lui cria mademoiselle Lenoir.

Il s'approcha en tremblant et la pria de crier plus doucement.

— Demeurez là, reprit-elle en lui pressant la main.

Elle s'envola vers le logis sans rien dire de plus.

— Il y a quelque chose là-dessous, pensa le pauvre maître d'école. Par prudence, il s'éloigna un peu de la porte; il alla s'appuyer contre le tronc d'un vieux pommier, et, le cœur ému, l'œil en garde, l'oreille au guet, il attendit le retour de Mathilde. Une demi-heure s'était écoulée, et Mathilde ne reparaissait pas; il perdait déjà patience. Enfin il entendit le léger frôlement d'une robe.

Il s'empressa de retourner à la petite porte.

— Monsieur, reprit la jeune fille, vous allez m'enlever ou je vais vous enlever à l'instant. Ne m'arrêtez point par vos grands airs d'innocence. J'ai pris votre rôle parce que vous y êtes mal à l'aise : veuillez prendre le mien, ayez toute la soumission d'une femme; mais ne vous avisez point de vous évanouir, car nous n'avons pas de temps à perdre.

Le pauvre maître d'école, tout étourdi, bégaya quelques mots ; mais Mathilde, lui glissant la main sur les lèvres :

— Quand nous serons en route vous parlerez à l'oisir.

— Je ne veux point partir ! s'écrie M. Fourcade.

— Fort bien ! vous remplissez admirablement votre rôle de femme : *Je ne veux pas ;* mais moi qui sais que les femmes qui disent *je ne veux pas* ne savent pas ce qu'elles disent. Or donc, il faut que je m'en aille de ce pays où on me jette la pierre, et vous ne me laisserez point partir toute seule. S'il me fallait recourir aux grands moyens, je ne balancerais pas; mais il me semble que nous n'en sommes pas encore au dénouement.

Mademoiselle Lenoir fit briller au clair de la lune un petit poignard aigu qu'elle avait dérobé à son père. M. Fourcade eut peur.

— Eh bien ! dit Mathilde d'un ton décidé, faut-il en finir tout de suite?

— Emmenez-moi en enfer si vous voulez ! répondit le pauvre maître d'école.

— A la bonne heure, reprit Mathilde en l'embrassant. Allons en enfer s'il le faut, mais par des chemins semés de roses.

Elle fut effrayée de ce qu'elle venait de dire; elle regarda le ciel et murmura en pleurant : — O mon Dieu, je suis donc bien changée !

Un âne conduit par une des servantes de
M. Lenoir survint alors. Mathilde recom-
manda à la servante de ne rien oublier, et,
pendant que cette fille chargeait l'âne d'une
valise et d'un petit sac qui venaient d'être
apportés dans le verger, elle prit le bras du
maître d'école et l'emmena vers le grand
chemin. Ils gardèrent d'abord le silence.
M. Fourcade, plus effrayé que jamais de ses
œuvres d'amour, se demandait s'il ne devait
pas prendre la fuite. Mathilde, qui voyait le
roman partout, se disait qu'elle en était à
la fin du premier livre. N'était la peur de
vous ennuyer, quel beau chapitre j'écrirais
ici à propos de ce vieil adage : *La vie est
un roman.*

De Chamerolles à la ville la plus proche,
il y a deux lieues de pays, c'est-à-dire deux
lieues qui ne finissent pas : il fallut bien
que Mathilde traînât ses pieds mignons sur

cette route rocailleuse pendant près de
quatre heures, l'âne avait assez de la valise
et des accessoires. D'ailleurs Mathilde aimait mieux être à demi suspendue au bras
de son amant, tout silencieux et tout transi
qu'il fût. En vain elle essayait de le réveiller
à l'amour et à la parole par son charmant
babil : — N'avez-vous pas déjà des remords
de petite fille? Regretteriez-vous, d'aventure, votre baraque et votre planteuse de
choux, votre surplis de chantre et votre
sceptre de maître d'école ? Avez-vous peur
de mourir de faim avec moi ? Et qu'importe
si nous mourons en nous aimant ? D'ailleurs,
rassurez votre estomac, vilain gourmand —
à tout autre je dirais : Rassurez votre cœur,
j'emporte un contrat de rentes sur l'État
de 2,000 francs, provenant de la succession
de ma mère. J'ai pris ce contrat à mon père,
mais n'est-il pas permis de prendre son bien

où on le trouve? Après cela, n'ai-je pas des diamans à mes pendans d'oreille? Et puis ayez donc un peu confiance en la destinée, ou plutôt en Dieu. J'ai tantôt dix-neuf ans; en septembre 1734, je serai majeure : je recueillerai l'héritage de ma pauvre mère, une belle et bonne ferme en Normandie, et alors qu'aurons-nous à regretter et à désirer?

Le maître d'école soupira et pencha son front rêveur. Jusque-là il avait flotté entre l'idée de retourner à son village et celle de suivre la route aventureuse que lui ouvrait Mathilde : la belle et bonne ferme de Normandie acheva la séduction de la jeune fille; il fit le serment de s'attacher pour toujours à Mathilde comme la mousse aux pierres.

— Après tout, se disait-il dans l'ivresse de sa mauvaise action, je ne suis pas fort à plaindre : une belle fille et de bons revenus!

J'apprendrai le latin et je m'abonnerai à un grand journal. — Mais où allons-nous ? demanda-t-il à Mathilde.

— Nous prendrons à la ville la diligence d'Épernay, afin de déjouer les recherches de mon père, et de là nous irons à Paris. C'est une bonne ville qui vous abrite dans son mystère et qui vous défend des méchancetés de la province ; c'est le refuge de toutes les grandes passions exilées de la vie départementale. Nous y vivrons dans notre amour et dans l'oubli de tout le monde. La belle vie, ô mon ami ! Elle passera vite comme le vent.

M. Fourcade et sa maîtresse arrivèrent à Paris sans mauvaise rencontre. Ils prirent dans la rue de Verneuil une chambre pauvrement garnie, où ils vécurent en paix durant les premiers mois. — C'est un étudiant et une grisette, disait la portière à tout propos et hors de propos ; ils passent leur temps à roucouler, et ils ont bien raison. La pauvre petite a l'air d'adorer son amant : elle lui sert de servante, et, quand il est sorti, elle se met à la fenêtre en pleurant. Ils ne reçoivent ni visites, ni lettres, ni cartes ; je crois bien qu'ils se cachent ici. L'Auvergnat du coin m'a bien la mine de les épier, ces pauvres amours : qu'il y vienne un peu ! je lui jette ma porte au nez.

M. Lenoir finit par découvrir l'humble retraite de sa fille. Il voulut l'en arracher ; il usa de prières et de menaces : il se jeta aux genoux de Mathilde et la supplia de revenir dans le bon chemin par pitié pour ses cheveux blancs ; il la menaça de l'enfermer aux Madelonnettes avec sa malédiction. La pauvre égarée résista aux menaces comme aux prières : elle ne voyait dans tout cela qu'un nouveau chapitre de roman, ou plutôt elle était comme ces voyageurs qui, surpris par la tempête et fascinés par la grande poésie du danger, s'avancent témérairement au lieu de se détourner. M. Lenoir eut beau faire, il échoua toujours. Il ne lui restait qu'un dernier moyen pour toucher et sauver cette âme rebelle au bien, c'était de mourir de chagrin. Il mourut, et la malheureuse fille ne porta le deuil de son père que dans ses vêtemens.

Après la mort, après l'héritage de M. Lenoir, ne songeant plus à se cacher, se trouvant riches à jamais, les deux amans changèrent de logis ; ils s'en furent habiter une des plus jolies maisonnettes de la rue Notre-Dame-des-Champs.

Là, ce pauvre diable de maître d'école se laissa nonchalamment aller au cours du hasard ; faible de caractère, il n'essaya plus de lutter. Sa femme, dans toutes les peines du délaissement, lui écrivait en vain des lettres pleines de fautes d'orthographe — ce sont presque toujours des lettres pleines d'amour — où elle parlait de leur enfant qui devenait grand comme un homme, et de son pauvre cœur qui se mourait tout seul : il baisait les lettres, il pleurait, et il n'y pensait plus. Pendant toute la première année, il fut étourdi, enivré, fasciné par le démon du mal. Et puis il accomplissait des rêves long-temps caressés : il était abonné à un journal quotidien paraissant tous les jours, suivant son expression, et il commençait à apprendre comment on traduit *rose* en latin et comment on traduit *rosa* en français. Mais, au bout de la première année, l'ennui vint peu à peu obscurcir son ciel ; l'oisiveté, qui lui semblait si douce d'abord, lui tomba sur les épaules comme un manteau de plomb. Il était né pour le travail, il fallait à ses bras athlétiques une lutte infinie; sorti du peuple, Dieu ne lui réservait comme à ses frères que le repos de la tombe. Aussi disait-il quelquefois, dans ses ennuis, qu'il jouait tout simplement le rôle d'un mort. Il ne tarda point à regretter sa vie passée, d'autant plus belle maintenant qu'il la voyait par les prismes du souvenir; il ne tarda point à regretter les bruyans écoliers, la glorieuse place de chantre à l'église de Chamerolles, les soucis paternels et les naïves amours de sa femme. Là-bas il travaillait, et il vivait noblement de son travail : à quoi bon travailler ici, où il a plus d'argent qu'il n'en veut? La vie n'est bonne qu'à ceux qui luttent sans cesse. Plaignez le pauvre maître d'école : le voilà condamné au repos des vieillards et des infirmes.

Mathilde ne s'ennuyait point : elle suivait

toujours avec intérêt le roman de sa vie; elle en relisait sans cesse les débuts; elle cherchait à en deviner le dénouement. — Un singulier roman ! pensait-elle ; le diable serait bien honnête de me dire comment il finira. Et pendant de longues heures elle imaginait les scènes les plus fantasques. — Ah ! si vous saviez écrire, disait-elle à M. Fourcade, quel chef-d'œuvre pour la France ! Le maître d'école se souciait bien de faire un chef-d'œuvre ! A ses yeux, les plus beaux écrits du monde étaient la grammaire plus ou moins française de M. Noël, la géographie par demandes et par réponses — quelles demandes et surtout quelles réponses ! de je ne sais quel abbé célèbre parmi les enfans, et enfin son livre de messe, son almanach de Liége et son journal à grand format. M. Fourcade avait à peine deux fois en sa vie réfléchi aux mystères de la science ; il s'était demandé pourquoi le mot *œil* s'écrivait sans la lettre u, et pourquoi la terre se donnait la peine de tourner autour du soleil. Madame Fourcade avait dit fort raisonnablement, à propos de la seconde demande, que la terre ne tournait pas autour du soleil, mais devant le soleil, comme une poularde à la broche devant le feu. M. Fourcade avait fort mal accueilli le raisonnement de sa femme ; madame Fourcade s'était animée, et pendant leur querelle géographique le lait s'était enfui de la marmite. — Maudite femme ! voilà le souper au diable ! — J'en suis bien aise ! Et comme madame Fourcade courait à la marmite elle avait renversé une chaise sur les pieds du maître d'école. L'enfant, réveillé subitement, avait crié dans son berceau, et M. Fourcade s'était sauvé en se promettant de ne plus toucher au feu de la science.

Aussi Mathilde eut beau faire : avec elle il changea d'habits, mais il garda son esprit de maître d'école. — J'ai peut-être pris un mauvais lot, se disait-elle dans ses jours brumeux. Après tout, M. Fourcade a des agrémens, il est devenu sentimental et mélancolique (alors M. Fourcade s'ennuyait); mélancolique, c'est un progrès; le siècle tourne à la mélancolie. Et puis, il chante à merveille, souvent les litanies, il est vrai. Ah ! s'il chantait *l'Andalouse !*

M. Fourcade ne trouvait plus guère de désennui que dans le chant : il chantait des psaumes, des romances, des couplets bachiques et grivois. Il était fort content de lui, et regrettait de ne pas avoir un plus grand théâtre; il eût donné un de ses beaux souvenirs de Chamerolles pour chanter tout à son aise pendant un jour à Notre-Dame ou à Saint-Sulpice.

Un temps vint où Mathilde fut surprise des absences du maître d'école : les dimanches et les jours de fêtes il partait le matin et ne revenait que le soir. Tantôt il parlait d'une promenade solitaire, tantôt d'une rencontre d'amis ; ou bien c'était une messe en musique, une revue du roi, une course au Champ-de-Mars. Mathilde le suppliant en vain de l'emmener : il trouvait toujours des obstacles et s'en allait seul. Où allait-il? Mathilde, d'abord inquiète, fut bientôt jalouse; elle ne douta pas que le volage maître d'école n'eût ouvert son cœur à quelque Parisienne ; déjà sa triomphante rivale se dessinait dans le mauvais côté de son âme ; déjà elle ajoutait un chapitre au roman de sa vie. Elle cherchait une belle vengeance, elle rêvait un noble sacrifice, elle accablait d'amour son perfide amant.

Un dimanche elle suivit M. Fourcade,

bien résolue à savoir enfin le mot de l'énigme.
M. Fourcade descendit vers la Seine par la
rue des Saints-Pères, traversa la rivière par
le pont du Carrousel et passa dans le jardin
des Tuileries. — C'est cela, dit Mathilde en
s'appuyant sur le bord du pont, un rendez-
vous. — L'horloge royale sonna dix heures,
et le maître d'école prit un pas plus rapide.
— Voyez-vous, l'indigne! il est en retard :
il se hâte d'arriver. — A la grande surprise
de Mathilde, M. Fourcade sortit du jardin,
et, quelques minutes après, elle le vit franchir le seuil de Saint-Roch. — Comme en
Espagne, pensa-t-elle, un rendez-vous à
l'église! — Elle entra : l'église était presque
déserte encore, et d'un premier regard elle
vit les vieilles dévotes, le curé et les desservans. M. Fourcade s'était envolé. Après
de vaines recherches, espérant qu'il repa-
raîtrait, elle s'agenouilla devant un pilier,

et pria Dieu de lui dévoiler cet horrible mystère qui la désolait tant. Les premiers chants de la messe retentirent dans l'église; les fidèles et les curieux arrivèrent en foule. Mathilde regardait au passage toutes les jeunes élégantes en se disant : — C'est celle-ci, ou celle-là, cette jolie fille, ou cette belle femme. — En promenant ses regards jaloux elle écoutait avec un charme inconnu les *Kyrie eleison;* c'était la première fois qu'elle aimait un chant d'église. Afin de mieux entendre elle s'avança vers le lutrin. Tout à coup elle s'arrêta pâle et tremblante : parmi les chantres de Saint-Roch, elle avait reconnu le maître d'école de Chamerolles.

Elle s'en retourna à son logis dans l'humiliation la plus profonde. Quand, au sortir de vêpres, elle revit M. Fourcade, elle l'accabla de sa douleur et de son mépris. — Voilà donc où vous en êtes venu! Quelle pitié! choriste d'église! Encore si c'était d'opéra! Voilà donc le piédestal où vous a élevé l'amour! O mon Dieu! je suis bien punie! Que j'étais aveugle quand j'espérais vous métamorphoser! Vous étiez maître d'école, vous êtes plus que jamais maître d'école.

— Eh bien oui! s'écria M. Fourcade, maître d'école et toujours maître d'école! Il faut que l'orage éclate, il faut que mon cœur s'ouvre! Il y a bien assez long-temps que j'essaie de vous voiler ma pauvre nature, je me découvre enfin. Pardonnez-moi, Mathilde! Je suis indigne de vous; mais ce n'est pas ma faute, et j'en souffre comme un martyr. Dieu vous a faite pour la vie oisive, on le voit à vos pieds et à vos mains; Dieu vous a faite pour charmer le regard comme une belle fleur : Dieu m'a pétri d'un autre limon, je suis né pour le travail; voyez mes bras et ma stature. Le repos est pour moi la fatigue la plus énervante ; je suis las de l'oisiveté, il faut que j'agisse. Malgré vos soins amoureux mes jours passent lentement, lentement, et l'ennui m'abat de plus en plus. Je ne sais si c'est une punition du ciel. Je vois tout en noir, il fait toujours nuit pour moi. De grâce, ma pauvre Mathilde, renvoyez votre servante, laissez-moi balayer, battre les habits, fendre le bois ; laissez-moi chanter à Saint-Roch, ou je m'enfuis de Paris, je retourne à Chamerolles.

— Plutôt mourir, monsieur, que de vous laisser chanter à Saint-Roch ! Je vous défends d'y remettre les pieds !

M. Fourcade n'osa enfreindre la défense de sa maîtresse, il se résigna à se passer de la distraction du lutrin. Durant ces longs jours, qu'il supportait avec tant d'ennui, il s'ouvrait quelquefois de claires échappées dans la nuit de son âme : il revoyait sa petite maison à l'ombre du clocher, son jardin qu'il avait encadré de haies et parsemé d'arbres à fruit, sa pauvre femme qui pleurait sur son délaissement, son jeune fils qui pleurait de voir pleurer sa mère ; il se souvenait avec délices de ces beaux jours si bien remplis où il sonnait deux fois l'angelus, où il criait après ses écoliers et après sa femme, où, le matin et le soir, il labourait son jardin avec tant de joyeuse ardeur.

— Ah ! se disait-il un jour avec une douce tristesse, que mon jardin doit être beau maintenant ! la haie va refleurir, les cerisiers rougissent déjà. Et les bordures de buis et de mignonnettes ! et les jacinthes de monsieur le curé ! et les roses de madame d'Orbigny ! Le cep de vigne doit s'étendre par toute la muraille de la maison. Pourvu que ma femme ait pensé à la tailler ! Hélas !

je l'aurais si bien taillée ! — M. Fourcade soupira profondément.

Un soir, après avoir ainsi caressé les souvenirs de ses beaux jours, M. Fourcade prit son chapeau et sortit en silence, dans le seul dessein sans doute de respirer le grand air. Il prit par les Tuileries et suivit les boulevarts. Au coin de la rue Poissonnière, la diligence de S— l'arrêta au passage : il fit signe au conducteur qu'il voulait partir, il grimpa sur l'impériale avec l'agilité d'un chat, il dit adieu à Paris et à Mathilde.

Les deux lettres suivantes achèvent naturellement cette petite histoire, qui commence dans la joie et qui finit dans le deuil comme toutes les histoires humaines.

« A MADEMOISELLE, MADEMOISELLE MATHILDE LENOIR, RUE NOTRE-DAME-DES-CHAMPS, A PARIS. »

« De Chamerolles, ce 16 juillet 1837.

« Ma pauvre amie,

« Tu dois me trouver bien faible. Je t'ai toujours dit que j'étais indigne de toi, mais mon cœur vaut mieux que moi, et je m'en suis allé sans lui ; cela n'empêche pas que je n'aie revu ma pauvre femme avec bien du plaisir. Elle a tant pleuré ! Je suis arrivé le soir : elle était toute seule dans notre petite maison, tristement penchée au-dessus du feu. Long-temps je l'ai regardée par la fenêtre. J'étais inquiet de ne pas revoir notre enfant, quand enfin j'ai découvert qu'il était couché dans notre lit, notre lit si dur et si doux, ce grabat où je dormais de si bon cœur!—Ah! Mathilde, pardonne-moi ces souvenirs-là.—Je suis entré tout tremblant : je croyais que ma femme, irritée à ma vue, allait me chasser comme un renégat. Elle a poussé un grand cri et s'est jetée sur mon cœur; j'en suis encore tout brisé. — Te voilà! m'a-t-elle dit. Je savais bien que tu reviendrais. Et ta belle dame? a-t-elle ajouté en se détachant de mes bras. — De grâce, ai-je murmuré, ne parlons pas d'elle. — Tu arrives à propos : je prépare une fricassée de fèves; je pensais à toi en les cueillant à la brune. — Et Loulou, où est-il?— Il dort à ta place, sur ton oreiller, méchant! — Son berceau est toujours au pied du lit? — Je ne sais où le percher. Je voulais le brûler, mais qui sait ce qui arrivera?

— Voyez-vous ! N'espériez-vous pas devenir veuve ? et alors..... Ma femme a fait la grimace, et s'en est allée devant le feu verser un pot de lait dans les fèves. Moi j'ai couru embrasser le dormeur. Je ne sais pas pourquoi je vous écris tout cela, Mathilde. C'est que je vous ouvre mon cœur, et que j'ai tout cela dans le cœur. J'espère redevenir maître d'école à Chamerolles. Notre aventure est un fier scandale : cependant il me semble que je suis vu du même œil qu'auparavant. Il y en a qui me montrent au doigt, mais il y en a aussi qui me font fête. J'ai de beaux habits : c'est tout simple. Tenez, ma pauvre follette, faites comme moi, rentrez dans la vie commune ; on s'y ennuie moins. Mariez-vous : malgré ce qui s'est passé, je connais dans le pays plus d'un aspirant à votre main. Voulez-vous d'un avoué, d'un imprimeur, d'un marchand de fer ? Vous n'avez qu'à tendre la main, il vous pleuvra des maris. Les beaux messieurs n'y regardent pas de si près ! Ah ! si je n'avais pas de femme et si vous n'étiez pas si duchesse !... Mariez-vous, Mathilde, ayez des petits enfans. Cela fait du mal à la tête, mais cela fait du bien au cœur : on les berce, on les promène, on les caresse, et le temps se passe; vous entendez bien ? le temps se passe! Surtout ne restez pas à Paris : c'est un mauvais pays pour vous comme pour moi. Ne croyez pas que je ne vous aime plus : c'est à peine si je puis respirer en vous écrivant, je retiens mes larmes de toutes mes forces; si vous n'étiez qu'à une lieue de Chamerolles j'irais tout de suite vous embrasser. Pauvre amie ! vous devez bien vous ennuyer là-bas, si loin et si seule !

« Adieu, Mathilde, au revoir; voilà ma

femme qui revient. Je suis pour toujours votre ami.

« André Fourcade. »

Je regrette de ne pouvoir copier le paraphe notarial du maître d'école. Ce paraphe fut pour Mathilde la chose la plus amère de cette lettre. — Hélas! disait-elle, s'il avait souffert en m'écrivant, il ne se fût point amusé à enjoliver ainsi son nom!

« A M. Fourcade, ancien maitre d'école,
A Chamerolles. »

« Paris, le 19 juillet 1837.

« C'est une main déjà glacée qui vous

écrit ces lignes. Je vous l'ai souvent dit, monsieur, la vie est un roman : je touche à la fin ; la destinée en a ouvert le dernier chapitre, et déjà j'en ai vu le dernier mot. Le roman de votre pauvre Mathilde sera intéressant tout comme un autre. Si je l'avais lu à quinze ans, comme j'aurais pleuré de douces larmes ! Mon seul regret est de ne pouvoir le finir avec vous. M. H........ sait toute notre histoire : dites-lui qu'il en fasse... Je perds la tête... Dans quels tourmens vous m'avez jetée pendant onze jours éternels ! Pourquoi ne pas m'avoir tout dit ? Vous n'avez jamais eu de courage. En lisant votre lettre il m'est venu le dessein de courir à Chamerolles et de me venger : il m'eût été si doux de mourir avec vous ! Je ne sais ce qui m'a arrêtée... C'était un trop affreux dénouement ; tout le monde m'eût maudite... J'ai allumé du charbon il y a une heure :

il me vient de noirs étourdissemens... Je me hâte d'achever cette lettre... Je ne vois plus, ma main tremble...

« Dites à votre *pauvre femme* qu'elle n'ait plus peur de mes séductions : je viens de me regarder dans la glace : mon Dieu ! que la mort est laide ! il me semble que je sors du cercueil... J'étouffe ! je suis tout abattue... Je suis folle... Ce matin j'ai dicté mon testament au notaire de la rue du Bac : n'oubliez pas d'en demander lecture. Je désire être enterrée dans le cimetière de Chamerolles, à côté de mon père. Une colonne brisée et un saule au-dessus de moi, voilà tout. Le cimetière est devant vos fenêtres : il me semble que je vous verrai encore.

« Adieu, mon seul ami ! hélas ! mon ami! Je n'ai plus qu'un souffle, j'ai froid, le froid de la mort ; ma plume...

« Toute ma vie vient de repasser dans ma mémoire... J'ai mal vécu, j'étais un enfant; Dieu m'éclaire enfin. O mon Dieu! ô mon Dieu! pardonnez-moi! j'ai tant pleuré depuis treize jours!... Laissez-moi vivre, je veux vivre... Mourir! toute seule! Adieu; souviens...

Il n'y eut point de paraphe dans la lettre de Mathilde.

Ce petit roman a paru, dans la *Revue de Paris*. Au lieu d'un conte il s'est rencontré que, par aventure, l'auteur avait écrit une histoire : c'est donc innocemment s'il a réveillé un scandale assoupi. D'ailleurs les romans sont des miroirs qu'on promène le long du chemin, tant pis pour vous si vous passez par là, et tant pis surtout si vous vous reconnaissez dans ces miroirs. Et puis l'auteur n'a soulevé aucun voile, n'a profané aucun mystère ; ce qu'il a dit, tout le pays le savait ; il a déguisé le nom de ses personnages comme le nom de leur pays ; l'histoire s'est passée en Champagne, voilà tout. Selon la géographie, la Champagne s'étend depuis le Hainaut jusqu'à la Bourgogne, depuis la Lorraine jusqu'à l'Ile-de-France. Et en dépit de la géographie, je crois bien que ce pays-là s'étend encore plus loin ; il n'est pas jusqu'à ces mesieurs de Laon (prononcez *Lan*) qui ne soient capables d'être Champenois.

Les journaux du pays ont reproduit cette histoire de

M. Fourcade, et ce jour-là, les journaux du pays se sont vendus comme des almanachs, ni plus ni moins. Ce jour-là aussi vingt-un maîtres d'école se sont joyeusement réunis à Chamerolles, au cabaret comme de coutume, pour lire et discuter l'histoire de leur collègue, M. Fourcade. Quoi qu'on en ait dit, ces messieurs étaient bien un peu venus au cabaret de Chamerolles pour boire du claret. C'est là ce que peuvent faire de plus spirituel des maîtres d'école champenois. Après la lecture, la discussion s'est ouverte.—Que dites-vous de cela, messieurs ? Le plus jeune maître d'école prit la parole : — La lettre de Fourcade n'est pas assez élégante; on dirait l'un de nous qui parle à sa femme. Croyez-vous qu'il n'y ait pas de fautes d'orthographe ? Tous les assistans cherchèrent avec ardeur. — Nous n'en sommes pas là-dessus, reprit le président : que dites-vous de l'histoire ? Le plus vieux de la troupe prit à son tour la parole : — Je dis qu'il faut boire un coup. — Alors tout est dit, reprit le président. Et il se mit à verser à boire.

M. Fourcade a pleuré comme un enfant, à la lecture de son histoire; Il a tendu les bras vers l'ombre de Mathilde.

Comme la vie se passe en regrets, il regrète le temps de ses romanesques amours, malgré sa femme et ses jolis enfans. Le temps passé, le beau temps passé ! comme dit le poëte allemand.

Au salon de 1840, comme j'étais arrêté avec mes amis en admiration devant je ne sais plus quel chef-d'œuvre, j'entrevis tout à coup, dans la foule des belles promeneuses, devinez qui? tout simplement Mathilde, la maîtresse du maître d'école. Elle était un peu pâlie, mais plus belle que jamais : je m'inclinai tout surpris. — C'est vous, dis-je en tressaillant. — Ah ça murmura-t-elle, vous me croyez donc morte pour tout de bon ; le charbon était bien allumé, mais *j'ai ouvert la fenêtre*. Ici, mes amis s'imaginant que j'avais là une affaire de cœur, s'éloignèrent en amis dévoués. — Et vous, reprit-elle avec un doux et malin sourire, vous avez chanté mon *deprofundis* dans un journal. — Voilà comme on écrit l'histoire. — Et notre pauvre maître d'école? vous n'en faites plus rien à cette heure — Après tout, dit-elle, en baissant un front qui rougissait, il était tout aussi amusant qu'un autre. — Un autre! Ah volage! dis-je en souriant. — Silence! car l'autre est mon mari. — Ah! Mathilde, votre père vous l'avait bien dit, que vous finiriez mal. Et qu'est-ce que votre mari, s'il vous plaît? —

Un avoué. — J'ai bien peur que ce substantif devienne un adjectif.—Ma foi, il est mon mari, à ses risques et périls. La-dessus, elle me tendit gracieusement la main, elle poussa un soupir et s'éloigna. A coup sûr, le soupir était pour le maître d'école.

VI

LES
AVENTURES SENTIMENTALES
DE MESDEMOISELLES
SYLVIA, OLYMPE ET ARSÈNE,
AVEC M. LÉON***

Racontées par le héros desdites aventures

I

Les yeux noirs et les blanches épaules.

J'avais depuis la veille—ni plus ni moins — une charmante maîtresse qui m'était venue je ne sais trop pourquoi — je sais encore comment. — Elle devait... — la langue a failli me fourcher — ne vous offensez pas d'un peu de gaieté, ma belle dame, ou bien tournez le feuillet. Ceci est une chaîne de folles aventures qui dansent et qui chantent comme de belles filles éperdues dans les enivremens de la fête du village ou du bal de l'Opéra ; c'est une galerie de tableaux où les folles amours s'ébattent gaiement sur le premier plan ; mais çà et là, dans les lointains, l'âme découvre quelque échappée attrayante ; ou encore ce sont de folles chansons qui vont mieux à l'esprit qu'au cœur ; pourtant, par intervalle, entre les couplets, le cœur en écoute l'écho affaibli et attendri. Ces amours-là ne sont par des archanges aux blanches ailes, mais de jolis Cupidons à demi nichés sur le sein de Vénus. Prenez garde à leurs flèches ! Et, puisque vous êtes avertie, je poursuis mon histoire.

Ma maîtresse devait donc venir coucher (voilà le mot parti) dans mon petit logis : — deux chambres dans le chemin du ciel, mais avec des fenêtres fleuries et d'admirables coups d'œil, comme des cheminées, des clochers, des arbres, des passans, et, par-dessus tout, la montagne de Montmartre, enjolivée de ses moulins à vent. Sylvia (son parrain l'appelait Alexandrine, mais depuis ses premières amours, elle s'était baptisée à son gré), Sylvia donc m'avait quitté le matin toute sautillante et toute égayée par les ivresses de notre amour. Elle allait achever un chapeau de velours pour madame la marquise de F... Je ne l'avais laissée partir qu'à regret. — Ne me faites pas trop attendre, Sylvia! — A huit heures je serai là ;— ayez donc des oranges, — ce qui n'empêchera pas l'amour. Et là-dessus un malin sourire. Je lui avais baisé les cheveux et elle était partie.

Avant sept heures je rallumai mon feu. J'avais, suivant ma coutume, passé ma journée à ne rien faire. J'étais sorti pour me distraire et j'avais perdu mon temps. Je fus enchanté de me retrouver au coin du feu, dans l'attente amoureuse, tisonnant dans l'âtre les bûches enflammées, tisonnant dans mon cœur les désirs qui s'allumaient. Je n'avais point oublié les oranges ; une belle demi-douzaine était éparpillée sur ma cheminée. — La gourmande ! me disais-je, elle est bien capable de donner aux oranges son regard le plus tendre ; après tout, ce péché-là promet beaucoup. D'ailleurs, je lui pardonne tous les péchés commis et à commettre, en faveur de ses yeux noirs et de ses blanches épaules.

J'entendis sonner huit heures à toutes les horloges d'alentours. — Voilà, dis-je, le plus aimable carillon du monde. — Hélas ! à neuf heures je n'en disais pas autant : au lieu de me chanter l'amour, chaque horloge alors me déclamait une épigramme. J'avais beau écouter de toutes oreilles, de celles de l'âme comme des autres, je n'entendais pas venir la folle et sémillante Sylvia. — Où êtes-vous Sylvia, — où es-tu méchante? Si je savais où aller pour te chercher ! Et, tout en devisant ainsi avec moi-même, je sentais venir l'amour. Jusque-là je n'avais aimé Sylvia que du bout des lèvres, je commençais à l'aimer de tout mon cœur. J'oubliais ses dehors de grisette et son esprit à l'avenant. Je ne me rappelais plus déjà que sa verdeur si attrayante, sa jeunesse épanouie, sa voix si gaie que j'avais écoutée comme de la musique en dépit de son babil, enfin ses blanches épaules et ses yeux noirs. — Ah ! m'écriai-je en soupirant...

VI.

Ma voisine.

J'avais remis du bois au feu. Je m'amusais à écorniffler une orange, quand j'entendis un bruit étouffé dans l'escalier. Je me levai tout palpitant, et je courus ouvrir ma porte. — Hélas! c'était une voisine. Dieu et l'amour vous gardent d'une pareille voisine! Le proverbe a beau dire : je jure de ne jamais boire à cette fontaine-là. Ma voisine était laide comme le plus laid péché ; aussi, les jolis péchés et ma voisine ne s'entendaient pas du tout. Je rentrai en me moquant de mon cœur qui m'avait trompé, et je pris un livre dans ma bibliothèque pour m'étourdir un peu dans l'attente. C'était Saint Augustin, le grand poète des rêveurs, qui confesse avec tant de charme comment il a déchiré sa robe d'innocence aux buissons de la route. Mais qu'avais-je affaire à Saint Augustin? J'avais vingt ans, et tous les sermons du monde ne valent pas un péché de cet âge d'or. Aux abords de ma vieillesse, quand mon cœur n'aura plus rien à faire, je lirai le grand saint avec fruit, je regretterai les égaremens de ma jeunesse, et je m'écrierai aussi : « O esclave malheureux et insensé! j'ai fui Dieu, mon maître, et je n'ai suivi que l'ombre ! » En attendant, j'en crois mon cœur, je ferai fleurir et refleurir la gaieté; le bon Dieu ne nous a pas mis seulement sur la terre pour regarder le ciel.

III

Le billet doux.

Donc je lisais sans fruit, cherchant à me distraire, laissant voltiger mon âme tantôt vers l'ombre de Sylvia, tantôt sur la poésie presque austère, presque mondaine du pécheur repentant; j'écoutais encore avec angoisse les bruits divers de l'escalier, j'écoutais toujours en vain. « Volage Sylvia, vous vous êtes donc détournée de votre chemin! que dis-je? de votre chemin, c'est seulement de mon chemin que vous vous êtes détournée, ô ma folâtre maîtresse! car le vôtre est partout; vous êtes une fille de Paphos, et tous les chemins vont là » Enfin, dévoré par tous les feux de l'attente amoureuse, je pris ma canne et je descendis pour jeter au vent toute ma colère, songeant qu'à coup sûr, au retour de ma promenade, Sylvia serait en mon gîte. Quoiqu'il fît assez mauvais temps, je me promenai avec courage durant plus d'une heure, supportant avec héroïsme les éclaboussures de l'omnibus et de la fille de joie. Je revins au logis vers minuit, hélas! ma clef pendait à son clou, dans la hutte du portier. — Êtes-vous bien sûr que Sylvia ne soit pas venue? — Absente, Monsieur. Ah! que n'était-elle absente de mon cœur! A propos (voyez l'à-propos), reprit le portier, en déposant sa gazette, une belle dame vous à écrit tout à l'heure ce billet. Elle paraissait bien désolée de ne pas vous voir; lisez plutôt.

Je saisis le billet et je lus ceci :

« Madame Olympe de La Roche prie M*** « de passer chez elle, rue du faubourg Saint-« Martin, n° 24, fût-il plus de minuit : on « l'attend. »

Je réfléchis un instant. — Voyons donc le mot de l'énigme, dis-je. Et je sortis. — Faudra-t-il vous attendre? me demanda le portier. — Non, répondis-je d'un air quasi fanfaron. Paris devenait presque désert, les grands bruits s'apaisaient, les mille yeux se fermaient peu à peu; au travers des nuages rapides la lune jetait à mes pieds un pâle sillon de lumière. Quand j'arrivai devant la porte Saint-Martin, les premiers spectateurs du théâtre sortaient en foule. J'avançai dans la rue du Faubourg en songeant que pour moi le spectacle allait sans doute commencer. — Comme je lorgnais les numéros, une femme s'approcha de moi, et, d'une voix aimable : — N'est-ce pas vous qui êtes M***. — Oui, Madame, je suis M***, pour vous servir. — Veuillez me suivre. — Veuillez prendre mon bras, Madame. — Ce n'est pas la peine. — Ce n'est pas pour la peine, Madame, et au clair de la lune je regardais avec ardeur la figure de la dame. Et, en vérité, je n'étais pas fâché de regarder cette figure-là. — La rencontre est merveilleuse, dit madame Olympe de La Roche : j'étais entrée par distraction au théâtre, trop agitée pour rester au logis. — A coup sûr, Madame, il y a d'étranges sympathies entre nous.

Nous arrivons à la porte du n° 24. Olympe

frappa, la porte se fit un peu attendre, enfin en moins d'une minute nous franchissions le seuil d'un appartement agréable. Elle me fit asseoir dans un petit boudoir d'assez mauvais goût, où je remarquai, du premier regard, des images profanes et sacrées; ainsi, à côté d'un bénitier de buis admirablement sculpté, presqu'au-dessous d'un Christ d'ébène dont l'aspect seul devait attendrir les plus rebelles, une petite Pompadour en grand déshabillé s'avançait fièrement sur un piedestal, avec un sourire à la fois moqueur et langoureux. C'était le coucher de la belle marquise de Gi..., qui aimait tant les paravens et les mousquetaires, sans compter les petits abbés comme Voisenon, ni les petits poëtes comme Pezay.
— Voilà l'histoire à venir, pensais-je; un soir, lasse de pécher, car on se lasse du péché comme de la vertu, elle tombera age-

nouillée au pied de ce Christ miséricordieux, elle ressaisira, pour un instant, les jours les plus tendres et les plus chastes de l'adolescence, elle sacrifiera à son repentir, la belle marquise qui est l'image de toute sa jeunesse, elle versera des larmes amères et rafraîchissantes dans ce bénitier desséché par un souffle de l'enfer.— En attendant...

Elle venait, après un instant d'absence, de s'asseoir en face de moi, sur une petite chaise à dossier de gothique sculpture. Nous nous regardâmes avec amour (il était près de minuit, et nous nous regardions pour la première fois). Un sourire traversa mon regard; ce sourire disait à la belle : *Beau masque, je te connais!* Comme elle voulait lutter ou faire semblant (toutes les femmes font semblant), elle répondit par un sourire presque dédaigneux. qui voulait dire *peut-être*. Je lui saisis galamment la main, elle la retira doucement, — après un baiser toutefois, — et me dit avec un soupir : — Avant tout, Monsieur, il faut que vous sachiez pourquoi vous êtes ici. — Qu'importe par quel chemin je viens à vous, pourvu que j'arrive ? — Elle sourit. — Prenez garde d'aller trop vite, dit-elle, vous vous casseriez le cou. — On ne se casse pas le cou dans un chemin jonché de roses. — Allons, allons, voilà des propos d'écolier ; écoutez-moi, s'il vous plaît ; silence ! l'histoire est des plus sérieuses. « Donc aujourd'hui...

J'avais ressaisi la main, et par distraction j'y pris un baiser au vol.

— Enfant ! me dit-elle avec un charmant sourire, je vous avais dit de faire silence. Si vous n'êtes pas raisonnable j'appellerai tout de suite.

Elle eût été bien attrapée si je lui avais dit : Eh ! bien, Madame, appelez !

IV

Où madame Olympe de La Roche raconte une histoire d'amour, pour en préparer une autre.

« Donc aujourd'hui j'ai perdu mon amant, et par contre-coup, Monsieur, vous avez perdu votre maîtresse. Vous allez me dire que nous n'avons rien perdu : nous serons peut-être du même avis. Voilà comment l'aventure s'est passée ; je raconte mot à mot :

Sylvia est venue me voir ce matin ; elle était
ennuyée de coiffer les belles dames, — ceci
n'est point une métaphore ; — elle était lasse
de l'ombre de la boutique, elle voulait un
peu de soleil, le soleil du concert Musard
ou de l'Opéra. Comme elle se plaignait de
vous, mon amant survint, et j'eus beau faire,
il me fallut consentir aux caprices de monsieur et de mademoiselle, c'est-à-dire à aller
de compagnie au concert Musard. Une fois
au concert, mademoiselle Sylvia écouta avec
ardeur la musique de Strauss et les propos
de mon amant. Moi, je cachai mon dépit, ne
sachant que faire pour empêcher cela, espérant que l'obstacle viendrait à mon secours.
Sylvia est plus belle que moi par les épaules;
elle a de vilains pieds, mais mon amant ne
voyait que les épaules. Je vous jure que le
concert n'était pas dans mon cœur. Vit-on
jamais un petit serpent comme Sylvia?.....

vous oublier si vite! ah, l'ingrate! Mais ce n'était pas vous qu'elle punissait. Nous prîmes des glaces, et, tout en prenant des glaces, les pieds jouaient le sentiment d'une belle façon; je n'ai jamais compris ce plaisir-là. Mes pieds furent de la partie, un combat sérieux s'engagea; voyez plutôt mes brodequins. Mais je me dépêche d'arriver à la catastrophe. A la porte du concert, mon amant fit venir un fiacre pour nous reconduire. — On ne sait jamais où l'on va, ainsi le traître nous mena à son logis, — tout là-bas à la Madeleine, rue de la Ferme-des-Mathurins. — J'eu beau me récrier, il fallut passer par-là; la volage Sylvia se résignait à tout de bonne grâce, en vérité. Quand le fiacre s'arrêta, mon amant me dit que nous allions souper chez lui; quand celui-là parle il faut écouter, quand il veut il faut vouloir, même quand on est une autre femme. Nous sortîmes donc du fiacre et nous montâmes son escalier. Il marchait en avant, Sylvia le suivait et je suivais Sylvia. Il s'arrêta à sa porte, l'ouvrit d'un air empressé, et prenant la main de Sylvia :—Madame, veuillez entrer. A peine l'eut-elle dépassé qu'il la suivit comme son ombre et me ferma la porte au nez le plus joliment du monde. Je frappai avec colère, pour toute réponse j'entendis un bruyant éclat de rire. J'appelai avec rage, le cruel se mit à chanter. Que faire ? je n'avais qu'un moyen de sortir de là avec esprit : c'était de m'en aller.

Dès que je fus dans la rue, j'entendis ouvrir une fenêtre, et mon amant me dit à peu près ces paroles : — On doit un conseil à l'infortune : je vous conseille donc, ma chère, d'aller rue St-Georges, chez monsieur Léon *** ; vous lui direz qu'il n'attende pas plus long-temps la belle Sylvia, et vous ferez comme le roi quand il n'a plus de ministres, vous aviserez. — Je levai la tête. — Mon cher, lui dis-je en cachant mal mon dépit, je n'avais pas besoin de votre conseil pour penser à cela; j'allais rue St-Georges. — Que Dieu vous conduise, ma chère. La fenêtre se referma. Les hommes sont des chenapans; heureusement que les femmes ne valent guère mieux.

J'allai donc rue St-Georges, bien décidée à guérir mon cœur par la médecine homœopathique. — Mais, hélas! vous veniez de sortir; j'eus l'idée de demander votre clef et de vous attendre. C'était un mauvais jeu. — Ne m'interrompez pas; — j'ai mieux aimé vous prier de venir ici. — Finissez donc! — Vous voilà venu, vous savez l'histoire : s'il vous plaît de vous en aller, vous êtes libre; — ne chiffonnez pas mon col, je vous en prie. Que dites-vous de l'histoire?

V.

Où l'autre histoire commence presque.

J'avais du dépit, car j'aimais Sylvia; le dépit était au cœur; et comme mon cœur n'était pour rien dans cette autre aventure qui se passait avec Olympe de la Roche, Olympe de la Roche ne vit pas mon dépit.

—Eh bien! dis-je avec nonchalance, l'histoire commence bien, j'espère qu'elle ne finira pas plus mal. — Vous avez des cheveux magnifiques, Madame.

— Vous croyez, Monsieur ? — N'est-ce pas que cette petite Sylvia n'a pas le sens commun ? elle s'est enfourchée sur un amour qui la mènera dans un mauvais chemin.

— N'en parlons plus, madame (mon cœur parlait d'elle malgré moi). Défaites donc votre mantelet; — si vous n'aviez pas un corsage admirable à la bonne heure !

Olympe laissa tomber le mantelet sans trop de résistance. Elle était faite à merveille, et puisque je suis sur le chapitre de ses attraits, je vais vous dire à quelle beauté j'avais affaire.

Olympe de la Roche (pseudonyme à coup sûr qui cachait un nom vulgaire) était une de ces lionnes plus ou moins entretenues qui ont un calendrier pour se rappeler et les mille noms dont elles s'affublent, et les mille noms de leurs amans, et les mille rendez-vous qu'elles accordent. Ces lionnes-là viennent de je ne sais où, et vont au même endroit. On ne les voit pas venir, on ne les voit pas s'en aller : elles apparaissent et elles disparaissent. Elles descendent en ligne plus ou moins droite d'un portier, d'une danseuse et d'un maître d'école (celles-ci sont les fruits de la science). Elles jettent durant quatre ans à peu près leur éclat à tous les yeux. Elles finissent tantôt par se faire veuves, tantôt par un mariage, tantôt elles finissent plus mal encore. J'en connais même qui arrivent à la dévotion; ces dernières ont imité les bateliers qui tournent le dos à l'endroit où ils veulent aborder.

Olympe de la Roche. — Après tout, comme disait Arlequin, si Adam s'était avisé d'acheter une charge de secrétaire du roi, celle-là serait noble tout comme une autre. — Donc, Olympe de La Roche était une lionne de second ordre. Elle n'était pas belle, mais elle avait tous les accessoires de la beauté : de jolis sourires roses ou bleus selon la circonstance ; de charmans regards, brûlans ou langoureux selon les aventures. Sa figure était faite par l'amour, mais déparée par le diable. Les joues étaient un peu trop flétries ; la bouche manquait de charmes : le front accusait trente ans. Malgré tout cela, cette figure attirait beaucoup, surtout par je ne sais quoi qui charmait Louis XV, l'amant le plus rebelle aux agaceries.

Je vous ai décrit Olympe par l'âme et par le corps. C'était donc une quasi belle femme de trente ans, qui vivait dans le péché, avec le péché et par le péché. A ma place, dites-moi, lecteur mon ami, qu'auriez-vous fait ?

VI

Ce que je ne fis pas.

— Finissez donc, reprit Olympe.

Je l'avais à peine touchée du bout des lèvres et sur le bout des lèvres.

— Encore, si j'avais commencé, à la bonne heure, dis-je en souriant.

Je ne sais plus comment cela se fit, mais

elle se trouva, tout en se débattant, à côté de moi sur le divan.

— Monsieur, dit-elle avec dignité, vous vous méprenez étrangement ; sachez...

— Je ne veux rien savoir de plus, madame.

Je me levai et je pris mon chapeau.

— Où allez-vous, monsieur ?

— Je ne sais, madame, mais je m'en vais.

— Mais, monsieur...

— Adieu, madame ! voilà bien du temps de perdu.

— Écoutez, monsieur, de grâce ! vous allez me perdre...

— Vous me faites beaucoup d'honneur, madame.

— Il est près de deux heures, le portier est couché ; si jamais vous l'éveillez, je suis perdue dans la maison.

Je revins à elle. — Eh bien, madame, comment allons-nous faire? Est-ce que vous entendez passer la nuit comme les tourterelles? Si le cœur vous en dit...

Elle vit bien que je n'étais pas très amoureux d'elle. Elle se leva avec dépit.

— Ce matin, monsieur, nous irons ensemble ressaisir nos amours; en attendant, reposez-vous ici dans ce boudoir, moi j'irai me coucher un peu. — Bonsoir, monsieur. — Bonne nuit, madame. — Le malhonnête! dit-elle entre ses dents.

Elle sortit, et au même instant la porte de sa chambre à coucher se referma brusquement sur elle.

A coup sûr, me dis-je, elle fait beaucoup trop de tapage pour avoir envie de tirer les verroux. J'allumai un cigare et je fis de la fumée. — Ah! Sylvia! Sylvia! m'écriai-je en soupirant, que n'es-tu venue ce soir quand mon cœur t'attendait, ingrate Sylvia! Je me rejetai sur le divan et je vis flotter sous mes yeux, à travers les blonds nuages de fumée, les images agaçantes d'Olympe et de Sylvia. Mon cœur s'élançait après l'une, l'autre passait toujours sans m'entraîner. Au bout d'une demi-heure, comme la bougie fut près de s'éteindre, et comme j'aime beaucoup à voir clair quand je n'ai rien à faire, je me levai, je pris le flambeau et j'allai vers la chambre à coucher de madame Olympe de La Roche. J'ouvris la porte sans bruit et j'avançai à pas de loup vers le lit.

VII

Olympe faisait semblant de dormir.

C'était un beau lit de palissandre incrusté, demi-caché sous une riche courtine de soie bleue à franges d'or. La belle était couchée et faisait semblant de dormir. A mon approche, un sourire presque invisible anima ses lèvres, un petit sourire moqueur qui

disait : — Voyez-vous ce beau monsieur, l[
voilà qui vient me surprendre quand je su[
sans défense. Son peigne était tombé et s[
chevelure s'éparpillait à merveille sur un b[
oreiller garni. J'avoue que la dormeuse (q[
dormait pour rire) était des plus attrayan[
tes ; aussi je la baisai sur le cou, malgré m[
demi-religion pour Sylvia. Elle ne jugea pa[
à propos de s'éveiller, et j'en fus bien aise[

— Au moins, me dis-je tout bas, après c[
baiser je suis moins malhonnête. Elle s'agit[
un peu, elle respira avec quelque peine e[
sortit son bras du lit. Vous comprenez bie[
que le bras était des plus blancs et des mieu[
modelés. Mais je vis surtout l'épaule, à dem[
voilée par un flot de mousseline ; cett[
épaule coquette eut beau faire, elle ne m[
cacha point celles de Sylvia.

La belle dormeuse avait un magnifiqu[
corsage garni avec un luxe inouï ; dans mo[

enthousiasme pour les chefs-d'œuvre ; — les chefs-d'œuvre de l'art, bien entendu, — j'y surpris ma main, qui m'eût à coup sûr joué un mauvais jeu si à cet instant mon regard, détourné par un miaulement de chat, n'eût découvert sur le bras du fauteuil où je m'appuyais un petit fichu de soie que la volage Sylvia nouait à son cou avant de mettre son châle les jours de grand soleil, dans la seule crainte que le hâle ne mordît ce cou si blanc. Et tout aussitôt ma main se détourna, comme mon regard, pour saisir ce fichu. Je l'appuyai sur mes lèvres émues et sur mon cœur palpitant; je poussai un profond soupir et je murmurai, en oubliant sans doute que la dormeuse ne dormait pas:
— O Sylvia ! tu m'as blessé au cœur !

VIII.

Lamentation.

Je pris la petite lampe d'Olympe et je m'en retournai sans pitié dans le boudoir pour dévorer ma peine en secret et en silence. — Sylvia! Sylvia! qu'avez-vous fait? je vous aimais avec la tendresse d'un enfant de seize ans, avec les sauvages ardeurs de mon âge. Ingrate, je t'aimais par les yeux et par le cœur; j'aurais cueilli pour un regard de toi toutes les fleurs de ma jardinière et de ma fenêtre, j'aurais dépensé mon dernier écu pour t'acheter un bouquet! M'as-tu demandé deux fois un chapeau et des brodequins? N'ai-je pas été hier au Mont-de-Piété? Tu ne m'as pas vu dormir un seul instant l'autre nuit : j'avais tant de plaisir à surprendre les agitations de ton cœur! Pourquoi ne m'avoir pas dit que vous pensiez aux concerts Muzard? une fille doit penser tout haut devant son amant. — Allez, allez, vous êtes une cruelle!

Je ne versais pas de larmes durant ce monologue de mon esprit, ou plutôt de mon cœur : mais, hélas! est-ce qu'on ne pleure pas sans répandre de pleurs!

Enfin, à force de me désoler et de me lamenter, je m'endormis sur le divan. Naturellement je ne rêvai point de Sylvia ; un songe des plus gais me transporta au bois de Vincennes sur un beau cheval de je ne sais quel pays. Et dans le bois de Vincennes, je me mis à poursuivre une belle amazone que je n'ai jamais vue et que je ne verrai jamais. N'était-ce point l'image du bonheur ?

IX

Où la vertu va-t-elle se nicher!

Un beau rayon de soleil m'éveilla vers neuf heures et demie. Je fus très étonné d'abord de me voir si mal couché et si bien vêtu. Le souvenir me revint bientôt. Je sortis du boudoir, et, sans me faire annoncer, j'entrai soudainement dans la chambre de madame Olympe de La Roche. Je surpris la belle dans un galant déshabillé. Elle était assise sur le bord du lit, et elle chaussait ses pantoufles, de jolies pantoufles de soie blanche. La femme la plus vulgaire est une divinité quand elle se chausse, surtout dans le demi-jour d'une chambre à coucher! En me voyant : « Voulez vous, me dit-elle d'une voix aigre-douce, aller chercher mon chapeau dans le boudoir? Ne revenez pas trop vite, s'il vous plaît. » J'ai coutume de consoler les femmes dans toutes les adversités ; aussi je dis à la pauvre Olympe : — Comme vous avez de jolis pieds, Madame! Elle leva un front superbe, et, comme une reine, elle laissa tomber ces mots : « Je ne vous demande pas l'aumône, monsieur, je vous demande mon chapeau. » Je ne trouvai rien à répliquer ; je compris qu'entre nous deux il n'y avait plus de bon que le silence. J'allai lui chercher son chapeau. A mon retour, elle était devant le miroir de la cheminée, et elle peignait ses grands cheveux. Je suis prête, me dit-elle; faites venir une voiture, et nous irons ensemble là-bas voir nos amoureux. »

J'obéis. La belle ne me fit pas long-temps attendre dans la voiture. Elle se jeta dans un coin et fit semblant d'être distraite; nous arrivâmes tous deux, sains et saufs, rue de la Ferme-des-Mathurins, au logis de l'amant. Dans l'escalier, mon cœur battait avec violence : je m'imaginais déjà voir la volage Sylvia, le rouge au front. Qu'allait-elle me dire? Et qu'allait-il dire? Si jamais il s'avisait de prendre tout cela au sérieux ! S'il me jetait à la porte, il faudrait nous battre, et je n'aime pas à me battre, parce que je suis très brave. Enfin, je sonnai vivement.

« Qui est-ce qui est là? cria une voix des

plus sonores. — M. Léon ***, » répondis-je avec force. Comme un galant homme, il ouvrit. En voyant à ma suite la belle Olympe, il eut, je crois, l'envie de repousser la porte, mais il réprima son dépit et nous pria d'entrer. Olympe entra comme une lionne, la tête levée, l'œil étincelant; moi, je m'inclinai légèrement, craignant de faire le bravache, mais pourtant avec fierté. Mon premier regard s'arrêta sur le lit. J'avais à peine percé l'ombre de l'alcôve, qu'une femme se jeta à mon cou avec un cri déchirant. C'était Sylvia. — Sylvia ! m'écriai-je avec une joie mal déguisée. Et je l'appuyai violemment sur mon cœur, avec un mouvement de colère et d'amour. Mais, au même instant, songeant qu'elle était infidèle, je la repoussai tout irrité. « Quoi ! lui dis-je avec un sourire de pitié, vous avez la lâcheté de revenir ! » Elle se laissa tomber sur un fauteuil avec désespoir. L'amant d'Olympe vint à moi : c'était un garçon de bonne mine et de belle allure. « Mon cher Monsieur, me dit-il en regardant Sylvia, consolez-vous et consolez-là; vous n'avez rien perdu ni l'un ni l'autre. Mademoiselle Sylvia est d'une vertu et d'une fidélité qui appellent le prix Montyon. Vous voyez cette bergère, c'est là qu'elle a passé la nuit à pleurer. Que votre cœur soit réjoui ! Si j'avais une pareille maîtresse, je ne l'aimerais qu'à genoux. »

Je pris les mains de Sylvia, je la remis sur mon cœur, et l'embrassai, d'abord pour cacher une larme, ensuite pour l'embrasser. Jamais larme plus douce n'est tombée sur son sein.

Je me retournai vers l'amant d'Olympe : « Mon cher Monsieur, lui dis-je à mon tour, madame de La Roche est tout à fait le pendant de Sylvia ; j'ai passé la nuit chez elle, mais comment ai-je passé la nuit? à m'ennuyer sur un divan »

Sylvia me baisa la main. Olympe, qui, à son entrée, s'était jetée sur le bord du lit, me lança un regard foudroyant, qui me fit comprendre les vengeances espagnoles.

« Ma foi, dit son amant, je suis sûr qu'elle s'est plus ennuyée que vous. »

Elle frappait du pied sur le tapis.

« Elle a voulu, reprit-il, préparer une petite comédie de sa façon, et elle a joué le rôle ridicule. »

La belle Olympe, ne pouvant comprimer sa colère qui durait depuis assez long-temps, s'élança tout agitée vers son amant et lui voulut arracher les yeux. Il la repoussa sans trop s'émouvoir, et lui jeta au nez quelques insultes vulgaires. Sterne conseille aux spectateurs de ces scènes de la vie domestique, de feindre tout d'un coup un violent mal de dent, afin de se tirer d'affaire, moi qui ai par-ci par-là tout autant d'esprit que Sterne, je m'en allai avec Sylvia. Une fois au-dehors, elle me dit en soupirant : « Est-ce bien vrai, Monsieur, que vous avez passé la nuit sur le divan ? »

Je la rassurai par un regard attendri.

« C'est une horrible femme ! reprit-elle en s'appuyant sur moi ; elle m'a emmenée malgré moi chez son amant dans le dessein de nous perdre vous et moi, moi avec son amant, vous avec elle. Ils vont se battre comme des chiens pendant une heure.

—Après quoi, dis-je avec inspiration, ils iront déjeûner au café Anglais et se promener au bois, s'il leur reste un écu de six francs.

Et nous? me demanda Sylvia avec un charmant sourire, si nous allions réparer le temps perdu?

Nous y allâmes.

X

Comment se vengent les femmes ?

Le surlendemain, Sylvia ne revint pas. Après l'avoir attendue jusqu'à onze heures, je courus au logis d'Olympe. Elle vint m'ouvrir, tout enveloppée dans sa robe de chambre. « Ah ! c'est vous ? dit-elle avec un peu de moquerie.

— Oui, Madame. Vous savez pourquoi je viens ?

— En vérité, Monsieur, je n'en sais rien. »

En même temps, elle me fit signe de m'en aller, et elle voulut fermer la porte.

« Un instant, Madame, s'il vous plaît ! Je viens chercher Sylvia, et je ne m'en irai pas sans elle. »

Elle éclata de rire.

« Quoi ! déjà ? dit-elle en me raillant ; la voilà donc encore perdue, cette chère et fidèle Sylvia ?

— Vous le savez bien, Madame, et vous allez me dire où elle est.

— Sans doute au concert Musard. Bonsoir, Monsieur. »

Elle voulut encore fermer la porte. Je lui saisis la main avec violence.

« Madame, où est Sylvia ? »

Elle me regarda avec un royal dédain.

« Écoutez, me dit-elle, j'ai pitié de vos tourmens : je ne sais où est Sylvia à cette heure; mais je sais que demain, vers midi, elle passera aux Champs-Élysées dans la calèche d'un amoureux vénérable. — Bonne nuit, Monsieur; à demain! »

Je laissai échapper la main d'Olympe, et au même instant la porte se ferma à mon nez. J'étais pourpre de colère.

« J'oubliais de vous dire, me cria Olympe par le trou de la serrure, que Sylvia s'est apprivoisée moyennant un collier de perles de six sous. »

Je voulais briser la porte, je me contentai de déchirer mon gant entre mes dents.

Je retournai chez moi, je me couchai et je finis par m'endormir. Le lendemain, avant onze heures, je battais la campagne de la tête et du cœur dans les Champs-Élysées. Je regardais passer toutes les voitures avec angoisse. Un peu avant midi j'entrevis enfin l'adorable figure de Sylvia. Elle était mise comme de coutume, seulement je remarquai sur la blancheur de son cou le collier dont m'avait parlé Olympe. Elle était en face d'un amoureux, et elle souriait à ses galanteries..., du bout des lèvres, il est vrai. J'étais indigné. Je songeai à m'élancer vers elle, à la saisir par ses beaux cheveux et à la traîner dans la poussière. Mais la calèche passa comme le vent, et, en moins d'une minute, je perdis de vue l'ingrate Sylvia.

XI

Comment encore se vengent les femmes.

Je repris lentement le chemin du Palais-Royal, où je devais dîner avec mes amis, n'ayant plus d'autres désirs que celui de rencontrer une autre maîtresse sur mes pas. Mais c'est avant d'avoir perdu sa maîtresse qu'il faut en chercher une autre : beaucoup de femmes ne viennent à vous que pour détrôner les reines de vos cœurs; et puis, la Destinée, qui passe son temps à nous contrarier, détourne toutes les femmes de notre passage quand nous tendons les bras avec amour. Ne cherchez jamais une femme pour la trouver; l'Amour est comme la Fortune, il aime à s'asseoir à notre porte; la surprise est la meilleure flèche de Cupidon.

Le dîner fut des plus gais en dépit de mes soucis amoureux. Mes amis voulurent m'entraîner à l'Opéra pour voir les débuts (des jambes) de Fanny Elssler. Je refusai, et vers neuf heures je rentrai chez moi en regrettant et en maudissant Sylvia.

Le portier m'apprit, à mon grand étonnement, qu'une dame inconnue avait demandé ma clef pour m'attendre chez moi. Quelle était cette dame? — Vous devinez : madame Olympe de La Roche. « Eh bien ! me dit-elle avec un charmant sourire, vous l'avez vue? voulez-vous la voir demain?—Jamais! dis-je avec dépit. Ce soir-là Olympe était, suivant le mot des petits poètes doratiques, *adorable au possible.* « Allons, allons, me dis-je, en m'asseyant près d'elle, le serpent finira par me fasciner et m'enlacer; le bon Dieu a commencé la femme, mais le serpent la finie. — Savez-vous, Madame, dis-je à Olympe, que vous jouez de malheur? » Elle était sûre de vaincre, elle me regarda langoureusement, elle laissa tomber sur mon cœur son front (comme s'il rougissait) et sa bouche ardente souffla sur moi tous les mauvais désirs. Je voulus lutter encore.

« Pourquoi tant d'acharnement, Madame?

— Pour un seul baiser. »

Je lui baisai les cheveux.

« Est-ce là tout, dites-moi? »

Elle se leva, s'éloigna de moi et regarda la fenêtre d'un œil égaré. Je fus assez cruel pour ouvrir la croisée et pour dire à Olympe :
— Allez, Madame, si cela vous amuse. Son regard fut si douloureux, que j'en eus le cœur déchiré; je courus à elle, et, en vérité, il était temps : elle se serait précipitée le mieux du monde. Je la ramenai au fond de la chambre en la pressant avec amour sur mon cœur. Elle pleurait, je pris ses larmes sur mes lèvres, comme de la rosée; et, dès cet instant, je lui parlai et la regardai avec la voix et les regards de l'âme. J'étais vaincu à tel point que je ne savais plus que l'embrasser. Maintenant parlez-moi de la constance du cœur ! Le cœur est un labyrinthe; le plus clairvoyant s'y perd.

XII

La Confession.

Quand tout fut dit, je me soulevai nonchalamment au-dessus d'Olympe, et, d'une voix presque suppliante : « Olympe, de grâce, dites-moi toute la vérité. Quoique vous soyez une femme, je l'attends de vous.

— La vérité, mon charmant amoureux, c'est que je t'aime par dessus tout.

— Et pourquoi? s'il vous plaît?

— Pourquoi? est-ce que je le sais? Je me souviens seulement que, jeudi passé, j'étais à côté de la belle Sylvia, à l'Opéra-Comique; tu comprends tout de suite que j'eusse voulu être à côté de toi. L'amour me prit par la jalousie : n'est-on pas jaloux avant et après l'amour? Tu ne m'as pas vue, méchant, et pourtant que d'œillades idolâtres j'ai brûlées pour toi! Je connaissais Sylvia de longue date. A mes débuts à la Gaieté (j'ai débuté vingt fois de plus mal en plus mal), à mes débuts à la Gaieté nous étions du même souper avec Sylvia. — Ah! quel souper! — Or, à l'Opéra-Comique, pendant que tu te promenais au foyer avec ton ami aux longs cheveux, je renouai avec Sylvia, dans le seul dessein de te prendre dans le même nœud, et... m'y voilà prise. Le lendemain, Sylvia, qui s'ennuyait de faire le chemin de sa boutique, vint me voir en passant; il faut dire qu'elle se détourna un peu, car de la rue St-Georges à la rue Vivienne on ne passe guère par mon logis; mais il faut dire aussi que j'avais parlé la veille de princes russes, et même de rois tartares qui donnaient des écus et des bijoux en veux-tu en voilà. En attendant ces messieurs, nous allâmes au concert Musard; j'avais un amant de rencontre qui nous emmena chez lui. Sylvia, qui parlait bien un peu de vous par-ci par-là, semblait pourtant assez bien résignée aux galanteries de mon amant. Je la laissai seule avec lui, sachant bien que la vertu d'une femme n'est jamais en danger; mais il paraît que la belle Sylvia ne chantait pas la même chanson, et elle vous retourna pure et sans tache. Pardonnez-moi cette mauvaise œuvre, ou plutôt pardonnez-moi mon amour. (Ici, durant quelques secondes, Olympe ne parla plus que du bout des lèvres; je fus sensible à ce langage et j'y répondis un peu.)

« J'allai donc chez vous, méchant! vous vîntes chez moi. Mais ce jour-là vous aviez le cœur blessé au vif; j'eus beau dire et beau faire, l'ombre de Sylvia fut plus forte que moi. Je souffris en silence. Dieu sait avec quelle peine horrible je comprimai, dans mon lit, ma colère, mon dépit et ma douleur! j'avais du feu dans le cœur, et je ne pouvais l'éteindre sous mes larmes. Je me souviens qu'au moment où vous m'avez baisé le cou, je retins de toutes mes forces mes sanglots, qui m'étouffaient. Vous m'avez torturée sans pitié, vous m'avez mille fois punie; aussi cette nuit-là je jurai de me venger, fût-ce par le crime. — Enfin... Mais chut ! reprit-elle, ne parlons pas trop haut. »

Nos lèvres recommencèrent à babiller le mieux du monde.

« Dites-moi, Olympe, dites-moi comment vous êtes arrivée là.

— Dès que vous fûtes sorti, avec Sylvia, de la petite chambre de la rue de la Ferme-des-Mathurins, il y eut, comme cela devait être, un combat à outrance entre mon amant et moi; ces batailles-là sont presque toujours des agaceries de l'amour, des amorces du plaisir; ce sont presque des caresses violentes. Mais cette fois je ne me laissai point dompter, je sortis victorieuse; je retournai chez moi pour rêver solitairement à ma vengeance. Parmi les lions, j'en connais un qui se fait passer pour le duc de Kasikof, et qui, par la grâce de ce nom et d'une calèche d'emprunt, séduit les vertus les plus revêches. Sylvia avait résisté à mon amant de rencontre en souvenir de vous; mais trouvez-vous, s'il vous plaît, une vertu de la rue Vivienne qui résiste à un prince russe qui s'appelle Kasikof, et qui se promène en calèche! Or, mon prince russe écrivit sous ma dictée à la belle Sylvia, et la belle Sylvia ne se fit pas long-temps attendre. — Voilà toute la vérité! »

XIII

Sylvia reparaît mal à propos sur l'horizon.

Il était à peu près onze heures et demie du soir, quand Olympe eut dit toute la vérité.

Tout étourdi par ma naissante passion, je me promettais, sur le chapitre de l'amour, de suivre tout simplement l'enchaînement des choses. « Après tout, me disais-je en moi-même, Olympe vaut bien Sylvia ; moins de naïveté peut-être, mais, à coup sûr, plus de passion ; moins belle, mais plus attrayante; plus perverse, mais aussi plus savante ; et j'aime quelquefois la science et la perversité. » J'en étais là de ma rêverie amoureuse, quand on frappa à la porte. Olympe tressaillit et se rapprocha de moi. « Vais-je ouvrir ? lui demandai-je. — N'ouvrez pas, dit-elle en me suppliant. — Je suis sûr que c'est mon ami Théophile, qui vient chercher mes pistolets. — Il est minuit passé, de grâce, faisons semblant de dormir. » Olympe sourit, et poursuivit avec un peu de dépit : « Comme si j'avais le droit de dire cela ! »

On frappa encore, cette fois avec un peu de violence. La curiosité l'emporta; Olympe tendit en vain le bras pour me retenir.

J'ouvris. — C'était Sylvia.

« Je savais bien que c'était Sylvia, » dit Olympe en désespoir de cause.

Sylvia était pâle comme la mort. Elle s'élança vers Olympe comme une petite furie. « Que faites-vous ici ? » lui demanda-t-elle avec colère.

Olympe répondit, sans se troubler, par ces vers d'Hernani :

> . . . . Mais, à ce qu'il paraît
> Je ne chevauche pas à travers la forêt.

« A merveille ! dis-je ; voilà la comédie qui continue. » Je me promis bien de ne rester sur la scène que comme figurant, et, à ce titre, je m'appuyai avec la plus grande nonchalance sur le rebord de la cheminée.

Sylvia me regarda, et, voyant mon air d'insouciance et mon costume, ou plutôt l'absence de mon costume : « Quoi ! vous restez là, planté comme une borne! quoi! vous souffrez cette femme ici! quoi! vous ne la chassez pas!

« Tout beau, tout beau, mademoiselle Sylvia! Ne me rappelez pas qu'il faut mettre quelqu'un à la porte, car... Mais, débrouillez-vous toutes les deux comme vous pourrez, cela m'amusera. »

Olympe, assise au bord du lit, se préparait à défendre la place « Comment, dit-elle en raillant Sylvia, vos amours sont déjà finis? Dieu merci, vous aurez bientôt épuisé tous les saints du calendrier.

— Osez-vous bien me parler encore! s'écria Sylvia; tenez, voilà votre guenille; coiffez-vous tout de suite et partez à l'instant! »

Sylvia avait jeté sur le lit le chapeau d'Olympe.

« Vous me faites pitié, Sylvia! Est-ce

qu'il est l'heure de partir, s'il vous plaît? C'est à vous de partir à l'instant. Si par hasard vous n'aviez pas de gîte pour cette nuit, voulez-vous ma clef? Mais vous n'êtes pas si bien abandonnée de Dieu et de l'amour, qu'il ne vous reste un oreiller quelque part.

— Des insultes par-dessus le marché!

— Allons donc, Sylvia! n'est-ce pas vous qui vous êtes insulté à vous-même?

— Oh, oh! me dis-je, puisqu'elles ne se battent qu'à coups de mauvaises paroles, la bataille durera long-temps. »

Je priai Sylvia de se déranger un peu, et j'allumai un cigare à la bougie. Après quoi, je retournai froidement et silencieusement m'appuyer sur le marbre de la cheminée.

« Mais vous n'avez donc pas de cœur? me dit Sylvia en venant à moi. »

Je secouai la tête en signe de doute, et je respirai avec ivresse la fumée du cigare.

Elle se retourna vers Olympe d'un air méprisant :

« Vous n'êtes pas encore partie ?

— Ma chère petite, voilà bien des paroles en pure perte, sans compter que je commence à en avoir par-dessus les oreilles.

— Et vous croyez que je vais vous laisser là ?

— Tenez, Sylvia, si l'idée de vous en aller vous fait mal au cœur, il y a là-bas une bergère, voyez...

— Vous me poussez à bout...

— A merveille ! dis-je, voilà enfin la tempête ! »

Sylvia tourna la tête de mon côté. « Ah ! vous croyez que je vais me battre, moi ! nenni, c'est bon pour elle. »

Ce *nenni* m'alla jusqu'au cœur. *Nenni,*

nenni ! que de fois Sylvia m'avait dit ce mot charmant qui voulait dire oui et non! Je faillis m'élancer au cou de Sylvia, je me contins pourtant, mais je fis un pas vers elle.

« Enfin, me dit-elle, vous n'êtes pas mort !

— Je ne suis pas mort ! répondis-je, mais je vais me coucher. Puisque vous ne vous arrachez pas les cheveux, je ne vous gênerai pas. Je suis trop mal vêtu pour rester plus long-temps exposé aux injures du temps, sans parler des vôtres. »

Et là-dessus je me couchai. Olympe vint à moi toute rayonnante.

« Vous êtes deux lâches ! cria Sylvia en se démenant comme un petit démon ; mais ne vous imaginez pas que je vais vous laisser en repos. »

Elle dégrafa sa broche et jeta son châle sur le bord du lit.

« Eh bien! Sylvia, qu'allez-vous donc faire? »

Elle garda le silence et défit son chapeau, et après le chapeau ce fut la ceinture, et après la ceinture ce fut la jarretière.

« Sylvia, Sylvia! cela passe les bornes, repris-je. Vous savez que mon lit est tout au plus assez grand pour la première nuit des noces; après quinze jours de mariage on n'y est plus à son aise. »

Cette fois, Sylvia n'y tint plus; elle tomba agenouillée sur le lit, elle saisit Olympe par sa belle chevelure, et fit un effort diabolique pour la traîner à la porte. Olympe, qui se croyait à l'abri de Sylvia, poussa un cri perçant, se jeta violemment sur sa furieuse rivale et l'égratigna le mieux du monde. J'intervins. Je pris tendrement Olympe sur mon cœur, et je l'embrassai lentement pour l'apaiser; après quoi j'en fis tout autant à

Sylvia ; après quoi, je fus en silence ouvrir la porte, et je les priai toutes deux d'aller ailleurs.

XIV.

D'un baiser et d'une larme.

Et, comme je ne riais pas du tout, Olympe, jalouse du baiser que j'avais donné à Sylvia, n'espérant plus me séduire, sachant d'ailleurs que j'étais inébranlable dans mes résolutions, Olympe noua ses cheveux. Sylvia la regardait faire avec une joie de petit démon. « Allons, allons, Sylvia, lui dis-je en faisant vaciller la porte, endossez votre châle et mettez votre chapeau ; je n'ai pas le temps d'attendre. »

Sylvia tomba du haut de sa joie, et m'obéit avec douleur. Je fus touché à cet instant de la jalousie, de la colère et peut-être de l'amour de ces deux pauvres filles. « Encore, dis-je en soupirant, si j'avais deux cœurs et deux lits ! » Olympe et Sylvia s'étaient avancées devant la glace ; je les vis si occupées de leurs cheveux, de leur cou, de leurs attraits et de leurs grâces, que je me consolai en songeant que déjà la coquetterie avait pris le dessus. « Allons, mes belles dames, ce n'est pas la peine de vous faire belles aujourd'hui, voilà minuit qui sonne. » Olympe vint à moi, me présenta sa main, et d'une voix soupirante : « Adieu ! » me dit-elle. Et elle passa sans se plaindre. Toutefois, elle avait encore un pied sur le seuil — tout à côté du mien — que déjà elle tourna la tête pour voir si la belle Sylvia la suivait. Sylvia s'était approchée : « Je vous remercie, me dit-elle en baissant les yeux et en élevant son front à ma bouche. » A peine eut-elle senti mon baiser, que je sentis une larme sur ma main. Elle suivit silencieusement Olympe. Un soupir du cœur partit avec *elle*; non pas avec *elles*, vous savez laquelle. J'aurais voulu la rappeler; mais l'autre !

Je me couchai, moitié souriant, moitié attristé; j'avais une raison pour dormir, et je dormis beaucoup. Vers onze heures du matin, un Auvergnat me remit cette épître, écrite par une main à moi inconnue :

« Monsieur,

« A cinq heures, dans le passage de l'Opéra, — un chapeau gris de perle, une robe bleu de pervenche, des yeux noirs, enfin un sourire des plus roses quand vous arriverez.

« M*me* Trois-Étoiles. »

« Voilà qui est spirituel, dis-je en respirant l'ambre du papier, et en regardant le chiffre du cachet. Est-il jamais possible qu'une femme ait écrit une lettre pareille, une lettre de trois lignes ! Il ne faut pas désespérer des femmes. »

A peine avais-je relu ces trois lignes, qu'un second Auvergnat m'offrit une seconde épître. Je reconnus tout de suite l'écriture de Sylvia :

« Mon cher amour,

« Est-il possible que tout soit fini entre

nous ? je ne puis croire à cela. Sais-tu bien que j'ai passé la nuit à ta porte ? J'y suis restée plus d'une heure à gémir, pendant que madame Olympe de la Roche se promenait je ne sais où. Ce n'est pas pour en dire du mal. Tant pis ! mais j'irai chez toi ce soir à sept heures; si tu ne veux pas, je m'en irai. D'ailleurs, mes pantoufles sont sous votre lit, Monsieur; ne croyez-vous pas que je vais vous les laisser pour une autre ? C'est bien le moins que j'aille prendre mes pantoufles. Bah! vous ne serez pas assez méchant pour me renvoyer une seconde fois. A tout péché miséricorde; je vous pardonne bien les vôtres !

« A ce soir, n'est-ce pas ?

SYLVIA.

« *P. S.* Si vous n'y êtes pas, je prendrai

votre clef et j'irai vous attendre. Oh! ne vous gendarmez pas, je ne vous attendrai pas comme d'habitude; soyez tranquille, Monsieur, je ne vous attendrai qu'au coin du feu. De bonne heure, n'est-ce pas? le mien sera de penser à vous. »

« La première lettre, dis-je en baisant la seconde, est d'Olympe, qui l'aura fait écrire par une de ses amies. Puisqu'elle feint ainsi avec moi, je n'irai pas au rendez-vous; j'attendrai Sylvia.

« Pourtant, repris-je cette pauvre Olympe a tant l'air de m'aimer! Pourquoi ne pas se chauffer au feu qu'on allume, au soleil qui se lève pour vous? »

XV

Le rendez-vous avec le chapeau gris de perle, etc.

A cinq heures, j'étais dans le passage de l'Opéra. Je me laissais aller comme de coutume au courant des événemens; Olympe n'était pas au rendez-vous. Dans l'attente, je m'arrêtai devant le jardin du passage, lorgnant les fleurs et la bouquetière. Je me retournai bientôt par pressentiment, et je vis le chapeau gris de perle, la robe bleu de pervenche, les yeux noirs, et ce sourire des plus roses, qui m'avait bien un peu alléché; mais tout cela n'était pas à Olympe. « Patience! dis-je; je suis loin d'être au bout de l'aventure. » Du premier regard, j'admirai le pied, le corsage, la figure de la belle inconnue, car tout cela était admirable.

« Madame, murmurai-je en m'inclinant, Madame, je suis ravi de la rencontre.

— Ah! c'est vous, Monsieur? »

Et, sans plus de façons, elle glissa sa main sur mon bras.

« Où allons-nous, Madame? »

Je voulais la troubler un peu.

« En vérité, Monsieur, je n'en sais plus rien.

— Ni moi non plus. — Vous êtes merveilleusement belle, Madame!

— Vous trouvez? j'en suis bien aise. »

Nous arrivions au bout du passage.

« Mais, de grâce ! Madame, dites-moi le mot de l'énigme..... Voulez-vous un bouquet?

— Un bouquet! merci; c'est bon quand on s'ennuie. »

Je fis avancer une petite voiture. La belle se fit prier du regard, et après avoir regardé aux alentours, elle monta lestement. Quand je fus à son côté, elle me demanda où nous allions. « Qu'importe, Madame? avec vous, la terre promise n'est-elle pas partout? » Et, sans plus tarder, je lui pris la main, je défis son gant, et coup sur coup j'y mis deux baisers. Elle jugea que j'étais un homme d'esprit, digne d'elle en tous points; elle réfléchit un instant, — puis elle partit d'un bel éclat de rire. « Cette pauvre Olympe ! » murmura-t-elle. Je compris à peu près tout le roman. — Cette pauvre Olympe! en effet.

« Vous la connaissez, Madame?

— C'est ma meilleure amie. A propos (remarquez bien l'à-propos), vous ne savez pas? elle doit nous rejoindre à six heures, chez Brodgy.

— Ainsi, vous êtes sa messagère? Pauvre Olympe! comme vous dites. »

Je mis la tête à la portière. « Cocher, à Vincennes. — Oh! non, » dit vivement ma voisine. Je la regardai, et lui demandai pourquoi. Je croyais qu'elle allait me parler d'Olympe, mais elle me répondit tout simplement : « Parce que Vincennes *est ma campagne* cette année.

— Alors, cocher, à Passy, par l'Arc-de Triomphe. »

Ma voisine eut l'air de me dire, dans son

regard : « Vous me faites bien de l'honneur ! »

Le voyage fut des plus aimables. En arrivant au bois nous nous savions par cœur. Nous dînâmes à Auteuil, en vue des cavaliers et des amazones. A la fin du dîner, comme nous étions doucement égayés : « Vous n'êtes pas mariée? dis-je à la belle Arsène (c'était son nom, n'en déplaise à M. Arsène Houssaye).

— Dieu m'en préserve, répondit-elle avec un magnifique dédain.

— Eh bien ! repris-je, nous allons, s'il vous plaît, nous retirer du monde pendant une semaine.

— Et cette pauvre Olympe ?

— Elle attendra. »

Arsène n'avait déjà plus guère le droit de se faire prier, je l'emmenai à Fleury. Nous arrivâmes au soleil couchant, un beau soleil couchant sous les arbres verts. Notre hôtesse nous demanda s'il fallait deux lits.

— Deux lits! dit Arsène; pour qui me prenez-vous? est-ce que vous me croyez la maîtresse de Monsieur?

XVI

De la vie pastorale.

Nous passâmes à Fleury une semaine enchantée ; c'est à peine si j'avais le loisir de me ressouvenir un peu d'Olympe et de Sylvia au milieu de toutes nos joies et de toutes nos fêtes. Nous allions toutes les après-midi nous ébattre comme des écoliers sur l'herbe odorante du bois, cueillant çà et là des fleurs et des baisers, nous aimant de toutes nos forces en gens qui n'ont rien autre chose à faire, en amoureux qui n'ont que peu de jours à passer ensemble. La vie pastorale a des attraits sans nombre pour des amoureux qui ne soupirent plus. Je plains beaucoup les disciples de Platon qui traînent leur langueur sentimentale le long des ruisseaux, au bord des fontaines, à l'ombre des bois. La nature verse la volupté à l'infini par ses tableaux, par ses rumeurs, par ses parfums. Que faire de toute cette volupté qui enivre l'âme et jette le corps dans l'abattement, si on ne rencontre une bouche ardente ? En vérité, je n'avais pas à me plaindre de la bouche d'Arsène : perles, baisers, sourires (et sourires des plus roses), tout y était.

XVII.

Où tout finit le mieux du monde.

Un matin, cependant, nous eûmes des aspirations vers Paris, dont nous entendions çà et là les chansons lointaines; nous retournâmes en ce pays de bruyantes amours.

Comme nous descendions de voiture, rue

de Richelieu, nous rencontrâmes madame Olympe de La Roche, qui s'appuyait tendrement sur un comédien quasi célèbre du Théâtre-Français.

« Eh! mon Dieu, nous dit-elle, vous n'êtes pas morts? D'où venez-vous donc? »

Le comédien répondit pour nous :

» Ne voyez vous pas qu'ils viennent de Paphos?

— Oh! mon Dieu non, dit *naïvement* Arsène ; nous venons de Saint-Ouen. »

Le comédien n'avait pas de temps à perdre, ayant ce soir-là plusieurs comédies à jouer. Il entraîna Olympe.

Arsène voulut aller à mon logis.

Au bas de l'escalier, la portière me prit à part. « Monsieur, vous ne savez pas que mademoiselle Sylvia a passé trois nuits là-haut à se lamenter! La pauvre enfant a versé bien des larmes. Jeudi dernier, votre ami aux grands cheveux est venu pour vous voir. Je lui ai dit que vous n'y étiez pas; il a voulu vous attendre avec mademoiselle Sylvia; une heure après, ils sont partis ensemble, et je vous prie de croire qu'ils ne sont pas revenus. — Ainsi soit-il, dis-je en montant l'escalier. »

EPILOGUE.

Ce conte n'effarouchera, j'espère, aucune de vous mesdames; j'ai voulu tout simplement soulever, pour votre curiosité, le voile des joyeuses amours. Ne condamnez pas trop ces pauvres filles qui ont si peu de temps à rire et à être belles! ne m'en veuillez pas trop, à moi qui me suis fait pour une heure l'historiographe de ces belles folies. Je n'ai dit que la vérité bonne à dire, et mon conte est un conte de bonne foi.

FIN DU PREMIER VOLUME.

TABLE

DU PREMIER VOLUME.

I. — Madame de Fontenay. 1
II. — Madame de Fleury. 107
III. — Chloé 139
IV. — La Maîtresse du Maître d'école. . 173
V. — Les aventures sentimentales de mesdemoiselles Sylvia, Olympe, Arsène, avec M. Léon ***, racontées par le héros des dites aventures et mises en lumière par M. Arsène Houssaye. 239

Sous presse.

LES SENTIERS PERDUS
POÉSIES
Par ARSÈNE HOUSSAYE.

1 vol. in-18. 3 fr. 50 c.

LA
MENUISIÈRE DE TOULOUSE.
Par MICHEL RAYMOND.

2 vol. in-8. 15 fr.

En vente.

ALLAN CAMERON
roman inédit
PAR
SIR WALTER SCOTT.

2 vol. in-8°. 15 fr.

LE FRUIT DÉFENDU
PAR
Mme la comtesse DASH, Éd. OURLIAC, ROGER DE BEAUVOIR, ALPHONSE ESQUIROS, THÉOPHILE GAUTIER.

2 vol. in-8°. 15 fr.

www.ingramcontent.com/pod-product-compliance
Lightning Source LLC
Chambersburg PA
CBHW060510170426
43199CB00011B/1400